생 각

"의식의 소음"

생 각

김종갑 지음

은행나무

유행을 타지 않는 것은 없다. 겨울이 오면, 제비는 철에 따라 강남으로 떠나고 기러기는 무리를 지어 우리나라로 찾아온다. 취향은 두말할 나위가 없다. 맥주를 즐겨 마시던 영국인들이 17세기에는 중국산 차와 에티오피아산 커피로 돌아섰다. 18세기에는 파리가 커피문화에 합류했다. 질병도 유행을 탄다. 13세기에 나병이 유행하고 14세기에는 흑사병이 창궐하더니 15~16세기에는 매독이 급증하고, 17~18세기 천연두가 기승을 부렸다. 19세기의 질병은 결핵이었고 20세기 중반 이후로는 에이즈가 공포의 대명사가 되었다. 정신병도 마찬가지로 유행을 탄다. 19세기에 히스테리가 간담을 서늘하게 하였다면 현대에는 스트레스와 알레르기가 영혼을 잠식해 들어가고 있다. 비만도 여기에 합류하였다.

천연두나 흑사병, 학질에 비하면 스트레스나 알레르기, 비만은 문명성·사치성 질병이다. "학질에 대한 최선의 치료책은 밥이 가득한 솥이다"라는 토스카나 속담이 있다. 천형天刑으로 불리던 천연두나 흑사병도 의학이 발달하면서 자취를 감추지 않았던가. 설탕이나 후추, 차茶가 사치품이던 시절이 있었다. 그러나 그러한 기호식품도 대량생산이 되면서 이제는 값싼 일용품이 되었다. 과거 귀족의 질환이던 통풍처럼 스트레스와 알레르기도 소수 특권층의 전유물이었다. 끼니를 잇기 위해 하루 종일 일해야 했던 시절에는 스트레스라는 말도 존재하지 않았다. 극히 최근까지 행복하게 살 엄두도 내지 못하였다.

시대와 문화가 바뀌면 언어도 바뀐다. 원래 물리적 압력을 뜻하는 스트레스Stress라는 말이 심리적 압박이라는 의미로 전용된 것은 1942년이었다. 알레르기라는 용어는 1902년에 새로 만들어진 조어였다. '다른, 낯선'이라는 의미의 희랍어 알로스allos를 현대인의 심신적 증상을 지칭하기 위해 차용한 것으로, 활동을 뜻하는 에르고스er-gos와의 합성어이다. 알레르기란 무엇인가? 다른 사람이라면 아무렇지도 않을 자극에 대해 과민반응을 보이는 현상이다. 면역의 체계가 흐트러지면서 인체에 침입한 낯선 물질에 대해 너무나 과민하게 반응하는 것이다. 따라서 스트레스와 알레르기는 동전의 양면과 같다고 할 수 있다.

면역체계가 무너지면 이전에 눈 하나 깜빡하지 않던 자극이 피부의 발진이나 재채기와 같은 증상을 일으킨다. 심리적 면역의 문턱이 낮아지면 눈곱만큼 작은 외부의 압력에도 지레 겁을 먹고 스트레스를 받게 마련이다. 외부의 자극을 우리 몸의 신진대사로 동화시킬 능력이 부족한 것이다. 거친 음식도 씹어서 소화시킬 만큼 위장이 튼튼하지 못한 것이기도 하다.

스트레스나 알레르기의 원인이 과민반응에 있다는 것! 이러한 심신心身의 과민반응은 생각의 과민반응과 직결되어 있다. 어느 시에선가 김수영은 "먼지야 풀아 나는 얼마큼 적으냐"고 자문하였다. 우리는 그냥 무시해도 좋을 먼지보다 작은 일에도 화들짝 놀라면서 과민반응을 보인다. 그러자 기다렸다는 듯이 우리의 과민한 생각은 한 알갱이의 먼지를 황사 태풍으로 확대하고 증폭시킨다. 스트레스는 그러한 먼지바람에 휩싸이는 증상에 다름 아니다.

물리적이던 압력이 내면화된 것이 스트레스라면 우리가 살고 있는 현대 사회는 우리로 하여금 모든 것을 내면화하고 사유화하도록 부추기는 경향이 있다. 외화되어야 할 압력이 억압으로 내화되는 것이다. 그런 반면에 현대문화는 우리를 향해 "너 자신을 즐겨라! 행복하라!"고 고막이 터져라 외치고 있다.

헌법이 개인의 행복권을 보장한 것은 역사상 유례가 없는 일이다.* 한편으로 우리는 자신을 억압해야 하지만 또 다른 한편으로 무조건 행복해야 한다. 그렇지 않으면 루저가 된다. 이와 같은 행복에 대한 절대적 요구로 인해 불행하게도 우리는 현실의 불행에 대해 지극히 민감해진다. 유토피아가 현실에 없는 상상의 나라이듯이 절대적 행복이란 불가능하지 않지 않은가. 따라서 불행에 대한 면역체계가, 역설적으로 행복에 필수적이었다. 과거에는 배부르고 등이 따뜻하면 만족하지 않았던가. 그런데 우리는 극히 사소한 불행에도 알레르기적으로 과민반응을 보이는 시대에 살고 있다. 상대적 빈곤감이나 상대적 박탈감이 그러한 알레르기 유발물질의 이름이다.

불행에 대한 과민반응과 절대적인 행복의 요구가 결합하면 우리의 내면은 지극히 유아적인 상태가 된다. 프로이트가 '아기마마'로 표현했던 유아적 자기도취가 그것이다. 우리는 은연중에 다음과 같이 생각한다. '나는 왕이다. 그런데 감히 그놈이 나를 모욕하다니! 내가 궁궐에서 쫓겨나다니! 내가 불행하다니!' 절대적인 행복의 요구가 우리를 왕으로 추대하고, 또 사소한 불행에 대해 예민하게 반응하면서 끊임없이 불평하도록 조장한다. 물론 이러한 왕

---

*   "모든 국민은 인간으로서의 존엄과 가치를 가지며, 행복을 추구할 권리를 가진다. 국가는 개인이 가지는 불가침의 기본적 인권을 확인하고 이를 보장할 의무를 가진다." 대한민국 헌법 제10조에는 이렇게 명시되어 있다. 우리는 국가권력으로부터 간섭을 받지 않고 자신의 행복을 추구할 수 있는 자기 결정권을 갖고 있는 것이다.

위 계승과 불평은 개개인의 마음 속 공간에서 일어나는 생각이 일으키는 사건들이다.

우리는 자기가 왕이라는 생각을 가지고 있기 때문에 행복에 대한 요구와 기대치가 너무나 높다. 그냥 행복한 것으로 충분하지 않다. 가장 행복해야 한다고 생각하는 것이다. 그냥 아름다운 것으로 충분하지 않다. 가장 아름다워야 한다고 생각하는 것이다. 생각! 생각! 생각! 이때 생각은 스트레스가 되고 알레르기가 된다. 우리는 생각이 너무나 많다. 모든 것이 내면화되는 사회에서는 행복과 불행의 드라마도 생각의 극장에서 상연된다. 자칫하면 생각 스트레스의 무게에 다리가 꺾일 수도 있다. 대체 우리 현대인에게 생각은 무엇인가? 어떤 기능을 가지고 있는가?

생각을 많이 할수록 행복할까?

인간은 생각하는 동물이라 했다. 맞는 말이다. 강아지가 생각하지 못하는 동물이라면 인간은 분명 생각하는 동물이다. 인간을 만물의 영장이라고 하는 이유도 생각하는 능력에 있다. 생각이 인류에게 가져다준 선물과 축복의 숫자는 이루 헤아릴 수 없을 정도이다. 지금 나는 펜이 아니라 키보드를 가지고, 종이가 아니라 모니터에 글을 쓰고 있다. 집에서 연구실까지 걸으면 2시간 남짓 걸리는데 전철을 타면 40분으로 충분하고, 교통이 혼잡하지 않은 새벽에는 차로 20분밖에 걸리지 않는다. 전화기를 들기만 하면 미국에 있는 친구와도 옆방의 동료처럼 이야기를 나눌 수 있으며, 북극과의 거리도 옆 동네처럼 가깝게 느껴진다. 과거라면 꿈도 꿀 수 없었던 것들을 생각이 가능하게 만들었다. 맞다. 생각이 인간을 위대하게 만들었다.

그러나 "인간은 생각하는 동물이다"라는 말은 가치판단이라기보다는 사실판단이며, 규범적이라기보다는 사실적인 진술이다. '인간은 두 발로 걷는다'나 '강아지는 네 발로 걷는다'가 그러하듯이 '생각한다'도 사실적인 진술이다. 아직 가치판단이 개입하지 않은 것이다. 다음과 같은 질문을 하는 순간에 가치판단의 영역으로 들어서게 된다. 생각하는 것이 생각하지 않는 것보다 더욱 바람직한 일일까? 인간은 생각하는 능력을 갖춘 만물의 영장이기 때문에 거두절미하고 생각 자체가 위대한 것일까? 생각이 우리의 삶을 쾌적하고 흐뭇하며 행복하게 만들어주는 것일까? 다다익선의 원칙이 생각에도 적용될 수 있는 것일까? 생각을 많이 하면 할수록 더욱 행복하고 더욱 멋있는 사람이 될까? 산책을 할 때에도 멍하니 그냥 걷는 것이 아니라 생각에 잠겨서 걸어야 할까?

근대철학의 시조인 데카르트는 "나는 생각한다. 그러

므로 나는 존재한다"라고 말하였다. 이 유명한 코기토Cogito, ergo sum 명제가 근대사회의 초석이 되었다. "생각하라! 생각하라!"는 명령이 근대적 일상의 질서가 되었다. 우리가 생각해야 존재할 수 있다면 생각하지 않는 순간에 우리는 존재하지 않게 되는 것일까? 만약 '생각 = 존재'라면 존재의 함량은 생각의 함량과 정비례하는 듯이 보인다. 그렇다면 생각하지 않는 사람은 존재하지 않는 사람, 존재하지도 않으면서 존재한다고 착각하는 유령, 즉 걸어 다니는 시체, 좀비라고 말해야 하지 않을까?

생각이란 무엇인가? 나는 몽실이와 별이라는 이름의 강아지를 두 마리 키우고 있다. 지금 몽실이와 별이가 밥을 먹고 노는 모습을 떠올리면서 생각이 무엇인지를 자문하고 있다. 생후 6개월 된 별이는 식탐이 장난이 아니다. 밥그릇에 사료를 담기가 무섭게 전광석화처럼, 그것도 아귀처럼 먹어 치운다. 도끼나 망치로 내려찍듯이 무섭게 먹어 치운다. 별이는 과연 자기가 그렇게 대책 없이 먹고 있다는 사실을 의식하고 있는 것일까? '나는 지금 먹고 있다'고 생각하면서 밥을 먹는 것일까? 그렇지 않다고 확신한다. 이런 일이 있었다. 입으로 밥그릇을 내려찍듯이 먹기 때문에 사료가 사방으로 튀기게 마련인데, 한번은 방바닥에 떨어진 사료를 집어서 그릇에 넣으려고 했다. 그 순간 별이가 득달같이 달려들어 내 손을 물어뜯었다. 이빨이 박힌 몇 군데서 검은 피가 흘렀다. 만약 별이가 자신의 먹는 행동을 의식하고 있었다면 아무 생각 없이 주인을 물었을 리가 없다. 먹는 행동만 있었지 먹는 행동에 대한 의식은 없었던 것이다. 그때 별이는 눈과 다리가 있는 강아지라기보다는 그냥 하나의 커다란 입에 지나지 않았다. 데카르트적 의미에서 별이는 존재하지 않았던 셈이다.

생각이라는 것은 우리가 하고 있는 일에 대한 의식의 내용이다. 자주 회자되었던 스릴러 영화 제목을 패러디해서 생각은 "나는 네(내)가 한 일을 알고 있다"라는 형식으로 정리될 수 있다. 여기에서 이 앎이 사실인지 아닌지의 여부는 중요하지 않다. 아무튼 의식에 담겨 있는 이러저러한 내용이 생각이다. 별이처럼 의식이 없으면 생각도 없다. 가령 내가 책상 위에 연필을 집기 위해 한쪽 손을 뻗는다고 하자. 이때 나는 이 사실을 알고 있을 수도, 모르고 있을 수도 있다. 아무런 생각이 없었는데 무심결에 과거의 행동을 나도 모르게 반복했을 수 있다. 우리는 걸으면서도 대부분 걷고 있다는 것을 의식하지 못한다. 몽유병 환자의 행동도 마찬가지다. 영화 〈드라큘라〉에서는 여주인공이 밤에 잠을 자면서 지붕이나 담장 위를 걷는 모습이 등장하는데, 정작 본인은 그 사실을 전혀 모르고 있다. 별이가 그러하듯이 우리도 우리가 하는 행동을 의식하지 못한 채 행동할 수 있다. 행동과 의식, 생각이 반드시 일치하지는 않는 것이다.

부끄러운 이야기이지만, 별이가 정신없이 밥 먹는 모습이 꼭 아귀 같다고 말하면 집사람은 어처구니없다는 듯이 웃으면서 한마디 거든다. "당신이나 잘해!" 내가 가장 좋아하는 음식 중 하나가 김치찌개로, 김치찌개에 밥을 말아서 먹으면 세상에 그렇게 맛이 좋을 수가 없다. 너무나 맛이 좋아서 도저히 천천히 음미하면서 먹을 수가 없다. 마파람에 게 눈 감추듯이 순식간에 먹어 치우면 뭔가 역사적인 커다란 일을 이룬 듯이 마음이 뿌듯하고 넉넉해진다. 생각나는 것도 없다. 바깥의 차 소리도 들리지 않고, 식탁 위의 꽃병도 보이지 않으며, 주위에 누가 있는지 생각이 미치지도 않는다. 별이처럼 나도 그냥 커다란 입이 되어 버린다. 집 밖에서는 나도 로댕의 〈생각하는 사람〉처럼 천천히 음미하면서 먹는다.

별이와 나의 식탐을 소개하면서 아무 이유 없이 '내가 먹는다'고 말하는 대신에 '입이 먹는다'고 표현했던 것은 아니다. '나'라고 말하면 뭔가 생각하는 주체, 생각하기 때문에 존재하는 나를 전제하고 있다는 느낌을 피할 수가 없다. 이러저러한 모든 행위가, 강물이 마침내 바다로 흘러가듯이, 생각하는 '나'에게로 수렴되는 것이다. 나는 내가 하는 모든 것을 다 알고 있다고 가정할 수 있다. 그러나 과연 그럴까? '입이 먹는다'니 '다리가 걷는다'라고 말하면 그러한 주체와는 다른, 신천지는 아니라고 할지라도 새로운 차원이 열리는 듯이 보인다. 몽유병자는 아니어도 아무런 의식이 없이 김치찌개국밥을 뚝딱 먹어치울 수 있으며, 생각 없이 그냥 발길이 닿는 대로 걸을 수가 있다. 이때 나는 몽유병자처럼 나를 빽빽하게 에워싸고 있는 사람들이나 자동차에 대해 의식하지 않을 수 있다. 생각이나 의식이 없이 행동만 있는 것이다.

우리는 왜 의식을 하고 생각을 할까? 나는 플라톤이나 데카르트처럼 우리가 진리를 탐구하기 위해서 생각한다고 생각하지 않는다. 궁극적으로 보면 우리는 먹고살기 위해서, 그냥 먹고사는 것이 아니라 잘 먹고 잘 살기 위해서 생각을 한다. 빙Being이 아니라 웰빙Well Being을 위해 생각하는 것이다. 생각보다 삶이, 진리보다 행복이 더욱 중요하다. 도를 닦는 승려처럼 가사를 입고 단식을 밥 먹듯이 하는 사람도 진리가 아니라 행복을 위해서, 혹은 진리가 행복에 이르는 지름길이라고 생각하기 때문에, 그러한 고통의 길을 선택한다. 생각의 목적은 생각이 아니라 행복과 웰빙인 것이다. 따라서 '인간은 생각하는 동물이다'라는 명제가 행복에 도움이 되지 않는다면, 아무리 아깝더라도 과감하게 쓰레기통에 던져야 한다.

나는 생각이 행복에 백해무익하다고 생각하는 사람

이다. 근대의 문턱에서 "나는 생각한다. 그러므로 나는 존재한다"고 주장했던 데카르트에 반해서 나는 '나는 생각하지 않기 때문에 존재한다'라고 믿고 있다. 이러한 나의 믿음은 "나는 생각한다. 그러므로 나는 존재하지 않는다"라는 라캉의 언명과 관계가 없다는 것을 이 자리에서 미리 밝혀두어야 하겠다. 생각이 독이라는 나의 깨달음은, 소뼈를 오래 끓이면 사골국물이 우러나오듯이 전적으로 개인적인 체험에서 배어 나온 것이다. 굳이 말하자면 개인적으로 좋아하는 스피노자와 니체를 내 경험에 비춰 읽으면서 얻어진 처세술이라고 말해도 좋다. 그렇다. 생각이 행복에 도움이 되지 않는다는 나의 주장은 이론이나 철학이 아니라 처세술이다. 우리는 살기 위해 철학을 하지 않는가. 내게는 스피노자와 니체도 처세술의 스승으로 보인다.

생각은 의식의 소음이다. 이것을 잡념이라고 말해도 좋다. 미당 서정주는 〈자화상〉에서 "나를 키운 것은 팔할이 바람"이라고 말했지만, 생각의 8할, 아니 99%가 삶의 소음이다. 의학이 눈부시게 발달한 현대에 살고 있는 우리는 생각의 소음을 스트레스라고 부르기도 한다. 소음을 좋아하는 사람은 없다. 그런데 사람들은 봄에 황사를 뒤집어쓰듯이, 만물이 잠든 조용한 시간에도 생각의 소음을 뒤집어쓰고 있다.

르네 마그리트, 〈금지된 복제〉(1937)

생각, 외로운 사업

생각은 생각을 낳는다. 한번 생각이 구르기 시작하면 끝이 없다. 그래서 거울의 방처럼 생각의 프레임에 갇혀 빠져나갈 수가 없다. 이상에게 거울은 자의식의 상징이었다. 그의 〈거울〉에 다음과 같은 구절이 있다. "나는지금 거울을안가졌소마는거울속에는늘거울속의내가있소/잘은모르지만외로된 사업에골몰할게요/거울속의나는참나와는반대요마는/또꽤닮았소" 외로된 사업이 생각이 아니라면 무엇이겠는가? 이 외로운 생각의 악순환!

내가 중학교에 다니던 70년대에 서울 하늘은 매연으로 가득했다. 언제부턴가 신기하게, 서울 도심에서 마음껏 심호흡을 하여도 기침이 나오지 않고, 와이셔츠를 이틀 입어도 때가 타지 않게 되었지만 또 언제부턴가는 서울에 아파트가 발 디딜 틈 없이 들어서듯 생각 소음과 공해가 가득 들어서게 되었다. 아직은 서울을 뒤덮고 있는 생각 공해를 카메라로 찍어낼 만큼 과학기술이 발달하지는 않았다. 그러나 최첨단 정밀 카메라가 없어도 우리는 육감으로 그러한 생각의 공해를 느낄 수 있다. 거리에서 혹은 전철에서 만나는 수많은 사람들의 표정을 보라. 표정이 굳어 있다. 눈길이 마주쳐도 웃지 않는다.

  이 책은 생각의 각질로 굳어진 우리의 표정과 근육을 풀기 위한 스트레칭이다. 그러니 이 책에서 생각을 지우기 위해서 엄밀하게 생각을 생각하는 학문적인 것을 기대하면 안 된다. 생각의 가장 큰 폐해는 거울의 방처럼 자기반영적인 생각의 악순환에 있다. 이소룡이 주연했던 영화 〈용쟁호투〉에는 거울의 방에서 펼쳐지는 결투 장면이 있는데, 그 방에 한번 들어가면 빠져나올 방법이 없다. 중요한 것은 생각을 한 가닥 한 가닥 꼼꼼하게 해체하는 것이 아니라 아예 통 크게 생각에서 벗어나는 것이다. 생각과 싸워 이기기 위해 생각의 링에서 생각과 격투를 벌이는 것만큼 어리석은 것은 없다. 저 고매하고 순수한 철학자, 20세기의 위대한 인간이었던 비트겐슈타인은 '일단 사다리를 오르면 사다리를 치워버리라'고 조언하였다. 생각이 독이라면 그 사실을 증명하기 위해 시간을 낭비할 필요가 없다. 그냥 바닥에 쏟으면 된다.

①

생각의 독

생각의 소음이 무엇인지 설명하는 데 있어서 윌리엄 블레이크의 시 〈독나무〉는 좋은 길잡이가 된다. 블레이크는 불의 열정과 예언자적 풍모를 지닌 시인으로, 그의 독창적인 상징체계에 통달하지 않은 사람에겐 눈앞이 캄캄할 정도로 난해한 시를 쓰기도 했지만, 이솝의 우화나 톨스토이의 동화처럼 초등학생도 이해하기 쉬운 시도 썼다. 여기 인용하는 〈독나무〉는 한번 읽으면 기억에서 지워지지 않을 정도로 인상적이다.

독나무

친구에게 화가 났었네.
화가 났다고 말하자 화가 풀렸네.
원수에게 화가 났었네.
그렇다고 말하지 않았더니 화가 자라기 시작했네.

두려움에 떨며 나는 화에 물을 주었네.
밤이나 아침이나 내 눈물의 물을 주었네.
가짜 미소와 달콤한 거짓으로
햇빛을 비춰주었네.

그랬더니 밤이고 낮이고 자라나

마침내 빛나는 사과 한 알이 열렸네.

내 원수는 빛나는 사과를 보았네.

그리고 나의 것이라는 걸 알고

아무것도 보이지 않는 야음을 틈타

그는 몰래 내 정원으로 들어왔네.

아침에 원수가 나무 밑에 죽어 있었네.

얼마나 반갑고 기쁘던지.

이 시를 읽은 독자들은 예외 없이 직관적으로 시를 이해하고 고개를 끄덕이게 된다. 그러고는 자신의 과거를 되돌아보게 될 것이다. 이 시의 사건과 정확히 일치하는 경험을 해본 적이 없다고 말하면 아마 거짓말이 될 것이다. 화자는 두 사람에게 화가 났던 경험을 이야기하고 있다. 아무리 막역하고 친한 친구라고 할지라도 사귀다 보면 한두 번쯤 섭섭하거나 화가 나지 않을 수가 없다. 때로는 좋은 의도를 가지고 있어도 상황이 꼬이면 오해와 갈등이 생기게 마련이다. 그리고 갈등을 잘 풀어주지 않으면 처음에 사소했던 짜증이나 화가 나중에는 가지가 부러질 정도로 무거운 분노의 포도송이를 맺을 수도 있다. 이와 같이 분노로 커가는 과정에서 생각의 역할은 끔찍하게도 절대적이다.

이 시에서 흥미로운 것은 생각과 표현의 관계이다.

화자(존이라고 하자)는 친구에게 화가 나자 그 자리에서 그 거친 감정을 발산해버린다. 그러자 화는 응어리지는 대신에 봄눈 녹듯이 자취를 감춘다. 화가 있던 자리에는 이제 꽃바람이 불어오고 있다. 그러니 더 이상 그를 속상하게 만들었던 사건에 대해서 생각할 필요가 없다. 밤에 일기를 쓸 때가 되면 아무리 머리를 쥐어박아도 생각이 나지 않을지 모른다. 그러나 반대로 기분 나쁜 것을 밖으로 표현하지 않고 그대로 방치해두면 감정이 화학변화를 일으키기 시작한다. 언짢은 감정이 기분 나쁜 생각으로 바뀌는 것이다. 그리고 생각은 비탈을 구르는 눈덩이처럼 점점 덩치가 커지고, 나중에는 기와집을 덮칠 정도의 눈사태로 발전한다. 만약 화가 생각으로 화학변화를 일으키지 않았다면 어떻게 그 원수에게 존이 "가짜 미소"를 지으면서 "달콤한 거짓말"을 할 수 있겠는가. 화가 나면 얼굴이 붉으락푸르락해지고 맥박이 빨라지며 손에 땀이 나게 마련이다. 아드레날린이 과다 분비되는 것이다. 그런데 원수를 만나는 순간에 우리의 주인공 존은 반갑다는 듯이 웃으며 천연덕스럽게 악수까지 한다. "참 젊어 보입니다!"라는 덕담까지 건네면서.

존은 표정관리와 자기 절제의 달인이다. 무엇보다도 감탄스러운 것은 환전하듯이 감정을 생각으로 바꾸는 탁월한 능력이다. 그는 감정과 생각을 오가는 이중 언어를 기막히게 구사할 줄 안다. 화는 영어로 'anger'다. 그리고 화가 난 상태는 'angry'나 'mad'이며, 그것은 우리말로 '미칠 것 같아'나 '성이 나다'가 된다. 이렇게 자신의 기분 나쁜 감정을 생각하면 생각할수록 그것과 연상되는 어휘의 숫자는 증가하기 시작한다. 불어를 알고 있다면 's'énerver', 'se fâcher', 's'emporter', 's'irriter'와 같은 표현도 연상되는 목록에 추가될 것이다. 생각하면 과히 기분이 좋지 않은 부정적인 어휘의 덩치가 눈덩이처럼 커지는 것이다. 이와 같은 일련의 생각과 연상은 화난 감정의 불길에 기름을 붓는 역할을 한다. 감정이 생각으로 화학변화되듯이 이제 역으로 생각은 더 큰 감정으로 전이가 된다. 그러면서 원래의 화—a라고 하자—는 $a+1+1$로 연쇄반응을 일으키면서 화의 총합이 무한의 분노로 증폭이 된다($A = a+1+1+1\cdots$). 그럼에도 존은 금방이라도 활화산처럼 폭발하며 하늘로 솟아오를 분노를 밖으로 표출하지 않는다. 그냥 이 분노가 마음의 밀실에서 식식거리며 끓어오르고 체적을 키우도록 가둬둘 따름이다. 외부로 뚫린 구멍이 없으니 생각만 요란스럽게 들끓어댄다. 긁어서 상처가 악화되듯이 생각이 화를 덧나게 하는 것이다.

　　존이 생각할 줄 아는 동물이라고 해서 감정을 가슴으로 삭이지만은 않는다. 그도 나름대로 계획이 있다. 언젠가는 산천초목이 부르르 떨 정도로 거대하게 울분을 폭발하기 위해 화약을 비축하고 있는 것이다. 그러나 그것은 쉬운 일이 아니다. 그는 원수에게 위선적인 웃음을 흘리고 달콤한 거짓을 속삭이는 한편, 과거에 당했던 일을 생각하며 원통해서 눈물을 흘린다. 또다시 그와 같이 당할 수 있다는 생각에 온몸을 부르르 떨기도 한다. 다시는 당하지 않기 위해, 또 복수를 다짐하면서 전략을 세우기 시작한다. 복수하기 위해 잠 못 이루고 머리를 굴리는 소리가 밤하늘에 맷돌 가는 소리처럼 요란하게 울려 퍼진다. 그의 생각은 다음과 같이 극적인 독백의 형식으로 진행될 것이다.

존 1 아, 그때 망신을 줬어야 했는데.

존 2 맞아. 그런데 기회를 놓쳤잖아. 이제 어떡하지?

존 1 내일 직장에서 회의할 때 모든 사람 앞에서 망신을 주면 어떨까?

존 2 아냐. 동료들이 내가 너무했다고 그를 두둔하면서 나를 비난할 수 있어.

존 1 그럼 친구를 시켜서 그에게 뇌물을 주도록 하면 어떨까? 그리고 뇌물수수 혐의를 뒤집어씌우는 거지. 해고는 당연지사고, 아마 감옥행일 거야.

누군가에게 앙심을 품은 적이 있는 사람은 마음속에서 이러한 갑론을박의 독백을 주거니 받거니 해본 적이 있을 것이다. 마음의 무대에서 내가 나에게 끊임없이 속삭이는 것이다. 원수는 무대에 등장하지 않는 제3자이다. 소문처럼 끊임없이 이야기는 되지만 정작 당사자는 보이지 않는다. 두 명의 등장인물은 두 개로 분열되고 복제된 존이다. 거울에 비친 자신에게 속삭이는 사람처럼 그는 대화의 주체이면서 객체이고, '나'이면서 동시에 '너'이다. '화가 나다'의 불어 's'emporter', 's'irriter'가 재귀대명사 'se'를 사용하는 이유가 여기에 있다. 분노를 터뜨릴 원수가 없음에도 불구하고 스스로가 스스로에게 화를 내고 있는 것이다. 화가 나서 눈물을 흘리고 있는 것이다.

〈독나무〉의 화자는 마침내 원수에게 복수하는 데 성공한다. 화자가 던진 미끼를 덥석 물고 화자가 파놓은 함정에 빠진 것이다. 존은 절치부심하더니 결국은 보기 좋게 원수를 갚았다. 18세기 후반과 19세기 초반에 살았던 윌리엄 블레이크의 복수의 서사는 그와 같이 성공적으로 끝난다. 블레이크가 쓴 마음에 계속해서 악감정을 품고 있으면 그것이 상대를 절명케 하는 치명적인 독이 된다는 교훈을 독자에게 전하고 싶었을 것이다. 독자가 존처럼 어리석게 살지 않기를 바라는 마음으로 그가 시를 썼다는 데에는 의심의 여지가 없다. 그러나 결말이 비극적이라고 느끼는 것은 독자이지 존이 아니다. 복수에 성공한 존은 이제 더 이상 눈물을 흘릴 이유가 사라진 세상에서 두 발을 뻗고 편히 잠잘 수 있다. 더 이상 원수를 생각하면서 시간을 축내거나 스트레스를 받을 일도 없지 않은가. 생각만 해도 분통이 터지는 생각을 생각할 이유가 사라진 것이다. 그의 삶에서 원수가 퇴장하면서 생각의 잠음도 저절로 사라진 것이다.

복수는 나의 힘?!

그러나 21세기를 살아가는 우리는 〈독나무〉의 화자처럼 성공적으로 복수하기가 무척이나 어렵다. 근대에 접어들기 전 르네상스 시대까지만 하더라도 눈에는 눈, 이에는 이로 복수할 수가 있었다. 법은 멀고 주먹은 가까운 세상이었다. 원수와 길가에서 마주치면 칼을 꺼내들고서 한 명이 죽을 때까지 결투하는 것이 예사로웠던 시대였다. 셰익스피어의 《로미오와 줄리엣》의 주인공 로미오도 길에서 칼싸움을 하다가 원수 집안의 티벌트를 살해하지 않았던가. 당시에는 잠시 피신해 있다가 소문이 잠잠해지면 고향으로 돌아와 아무 일도 없었다는 듯이 잘살 수 있었다. 목이 날아가는 칼싸움이 그러했다면 주먹다툼과 같은 몸싸움은 비일비재했을 것이다. 홧김에 무슨 일을 하지 못하겠는가. 이러한 세상에서는 섭섭한 감정은 물론이고 망신이

나 모욕을 당하는 사건이 발생해도 뱀이 똬리를 틀고 있듯이 가슴에 품고 있을 필요가 없다. 주먹을 날리든지 욕을 바가지로 퍼붓든지 그 자리에서 풀어버리면 된다. 원수를 갚기에 아직 힘이 미약하면 존이 그러했듯이 와신상담하면서 힘을 키우고 기회를 노릴 수가 있다. 1막에서 패한 자는 2막에서 복수를 실행에 옮길 수 있다. 와신상담의 고사성어가 그러한 복수의 플롯을 잘 말해주지 않는가.* 이와 같이 복수가 가능하다면 혼자 골방에서 끙끙대면서 속으로 울분을 삭일 필요가 없다. 꼬리에 꼬리를 물고 이어지는 분한 생각에 스트레스를 받고 잠 못 이룰 일도 없게 된다. 우리는 쉽게 이룰 수 있는 일이나 가능한 일에 대해서는 골치를 썩지 않는다. 고민하는 대신에 일을 저질러버리면 되기 때문이다. 반면에 복수가 불가능한 상황에서는 그

---

* 와신상담의 배경에는 흥미진진한 역사적 사건이 있다. 기원전 496년 오나라의 왕 합려는 월越나라를 공격했다가 월왕에게 패하였다. 심각한 중상까지 입은 그는 아들 부차에게 반드시 원수를 갚아달라는 유언을 남기고 죽었다. 그러나 불행하게도 아버지의 원수를 갚기 위해 월나라를 공격한 그는 대패하고, 그것으로도 모자라서 포로로 잡혔다가, 치욕스럽게도 오의 속국이 될 것을 다짐하고 귀국하였다. 이후로 그는 불편한 잠자리에 쓰디쓴 쓸개를 매달아놓고 시간만 나면 그것을 혀로 핥으면서 새삼 복수의 결의를 다졌다고 한다. 마침내 그가 오나라를 정복한 것은 그로부터 20년 후의 일이었다. 이때 부차에게 복수는 '살아가는 이유와 목적, 힘'이었다. 실현 불가능한 복수와 달리 실현 가능한 복수는 긍정적인 힘이 될 수도 있다.

율리우스 슈노르 폰 카롤스펠트, 〈소돔에서 도망치는 롯과 그의 가족〉(1860)

생각이 좋기만 한 걸까?

그 유명한 성경의 소돔과 고모라 이야기에서 롯의 아내는 돌아보지 말라는 말을 어기고 소돔성에 대한 미련으로 뒤를 돌아보아 결국 소금기둥이 되었다. 소설가 커트 보네거트는 그렇게 뒤를 돌아 본 자체가 오히려 인간적이어서 좋다는 말을 했지만 어찌되었든 생각과 고뇌가 늘 약이 되는 것은 아니다.

러한 불가능을 보상이라도 하듯이 복수에 대한 생각이 눈덩이처럼 불어난다. 그런데 우리가 살고 있는 21세기는 복수가 불가능한 사회이다. 주먹은 멀고 법은 가까운 사회이기 때문이다.

　만약 예언자적 시인 블레이크가 21세기를 예견할 수 있었다면 그는 〈독나무〉의 마지막 절節을 성공적인 복수로 매듭짓지 않았을 터이다. 사과나무 밑에 대자로 죽어 누워 있는 것은 원수가 아니라 분명 화자 자신이었을 것이다. 그리고 문학 비평가들은 독나무를 현대적 맥락에 맞게 해석하기 위해서 머리를 쥐어짜야 했을 것이다. 시퍼렇게 독이 오른 사과는 존의 화병火病이나 스트레스를 가리키는 상징적 등가물이라고 말하면서. 이 시의 배경에는 아마 이러한 사건이 있었을 것이다. 존이 원수에게 대놓고 화를 내지 못하고 생각의 병을 끙끙 앓았다는 사실은 의심의 여지가 없었다. 그러나 이유에 대해서는 구설이 많다. 순진한 존이 상대하기에 원수는 권모술수에 능하고 처세술에 뛰어났으며, 위기대처 능력이 탁월하였다는 의견이 있다. 혹은 존은 워낙 양심적인 인물이기 때문에 동료들 앞에서 원수를 모욕하는 것을 파렴치한 짓이라고 여겼다는 의견도 있다. 그러나 이유가 어찌 되었든 중요한 것은 그가 복수를 하지 못하였다는 사실에 있다. 그리고 더욱더 중요한 것은 그가 복수에 대해 생각하는 시간이 부쩍 많아지기 시작하였다는 사실이다. 그는 복수하는 대신에 복수에 대해 생각하기 시작하였다. 복수의 행동을 복수의 생각으로 대체해버린 것이다.

복수의 행동을 복수의 생각으로 대체하는 순간은 "운명의 나침반을 돌려놓는 순간"이다. 〈님의 침묵〉에서 한용운은 "아아 님은 갔지마는 나는 님을 보내지 아니하였습니다"라고 노래하였다. 이 시를 읽을 때마다 나는 있음과 없음을 농락하는 행동과 생각의 묘한 변증법에 생각이 미치곤 한다. 떠난 님을 떠나보내지 않은 화자는 님의 생각이 목젖으로 올라올 정도로 님의 대한 생각으로 가득 차 있다. 아무리 살펴봐도 주위에 부재하는 님이 화자의 생각에서는 전대미문의 모든 것everything이 되는 것이다. 만약 님이 그의 곁에 있다면 님에 대해 생각할 필요가 없다. 그러나 부재하기 때문에 365일, 24시간 님에 대해 생각하는 것이다. 아무것도 아니기 때문에 모든 것이다. 릴케가 〈두이노의 비가〉에서 말했듯이 이루지 못한 사랑만이 진짜 사랑이라는 역설이 탄생할 수 있다. 이것은 복수의 행동과 생각의 관계에 대해서도 마찬가지이다. 복수의 행동은 일회적으로 종료가 된다. 그렇지만 행동으로 옮기지 못한 복수는 복수의 생각으로 영원히 거대한 뿌리를 내린다. 존재 전체가 복수의 생각으로 삼투되는 것이다.

〈독나무〉의 화자가 현대인이었다면 그는 복수할 수

없는 복수에 대한 생각으로 인해 만성 스트레스를 앓다가, 마침내 암에 걸려 병원에서 죽었을 것이다. 상처 입은 짐승은 상처 부위를 끊임없이 핥음으로써 자가치유를 하고 건강을 되찾을 수 있다. 그러나 우리가 상처를 생각으로 계속 핥으면 오히려 그 상처가 덧나서 죽음에까지 이르게 된다. 블레이크의 독사과는 이렇게 치명적인 생각의 독을 말한다. 전기가 선을 따라 흐르듯이 생각은 연상의 체계를 따라서 움직인다. 시퍼렇게 독이 오른 생각은 독한 이미지와 독한 기억의 뿌리를 건드리고, 감자처럼 수많은 유해한 이미지들이 줄줄이 딸려서 올라오게 만든다. 내 식으로 말하자면 '한 술 더 뜨기 법칙'이 여기에 적용될 수 있다. 부정적 감정의 비탈에 올려놓으면 생각은 굴러 내리면서 더 많은 나쁜 생각들과 연합해서 더욱 몸집이 커진다. 당사자는 과거의 굴욕과 복수를 잊지 않기 위해 와신상담한다고 생각하며 자신의 그러한 생각을 정당화할 수도 있다. 그러나 그의 생각은 복수의 무능력에 대한 자기변명이다. 잊지 않고 생각하고 있다고 자신에게 변명하는 것이다. 그의 생각은 귀가 멀고 눈이 먼 생각, 생각을 위한 생각, 생각의 악순환, 생각의 자기증식이다. 그는 생각의 주인이 아니라 노예가 된다. 그리고 눈덩이의 무게에 가지가 꺾이는 나무처럼 생각의 무게를 이기지 못하고 사과나무 밑에 대자로 쓰러지는 것이다.

생각의 피와 땀

앞서 〈님의 침묵〉의 날실과 씨실, 화자와 님의 변증법적 관계를 간단히 소개했다. 있음이 없음이 되고 없음이 있음이 되는 놀라운 모순의 일치가 님에 대한 화자의 관계이다. 어찌 보면 무無를 절대적 현존現存으로 변형시키는 능력은 텅 빈 모자에서 비둘기와 장미를 꺼내 보여주는 마술사를 방불케 한다. 개천에서 용이 났다고 말하면 어불성설일까? 만약 님이 떠나지 않고 곁에 있으면 화자는 님에 대해 자나 깨나 생각하며 "제 곡조를 못 이기는 사랑의 노래"를 부를 필요가 없을 것이다. 님을 생각하는 것이 아니라 님을 행복하게 느끼면 된다. 재미있게 이야기를 나누고, 그것으로도 마음이 차지 않으면 손을 잡고, 그것으로도 성이 차지 않으면 입맞춤을 할 수 있다. 당연히 밤하늘을 수놓은 별들이 님의 눈빛이라며 그리워할 필요도 없다. 님은 하늘이 아니라 바로 여기 지척에 있지 않은가. 아무리 애타게 불러도 별은 답이 없지만 님은 방긋 웃으면서 나에게 다가온다. 있으면 생각할 필요가 없다.

　직접적이든 간접적이든 님을 노래하지 않은 서정시는 존재하지 않는다. 그리고 대부분의 서정시는 〈님의 침묵〉처럼 떠난 님을 애달프게 그리워하는 정조가 주류를 이룬다. 그러한 시들을 읽다 보면 실패한 사랑만이 진정한 사랑인 듯 생각된다. 님을 잃었지만 그 대신 세상을 얻게 되지 않는가. 님이 떠나고 없으면 모든 것들이 님으로 보인다. 새소리, 바람 소리, 피고 지는 장미, 뜨고 지는 달 등, 온 우주가 님의 보편적 현존을 증언하는 것이다. 잃는 것이 남는 장사가 아닌가. 이쯤 되면 실연의 넋두리도 천둥과 번개처럼 우주적인 규모와 위엄을 갖추게 된다. 김소월처럼 이루지 못한 사랑이 위대한 서정시로 결실을 맺을 수도 있다. 그럼에도 불구하고 한 가지 사실은 변치 않는다. 님이 없기 때문에 님 생각으로 가득 차 있는 것이다. 김소월의 〈못 잊어〉의 한 구절 "그리워 살뜰히 못 잊는데 어쩌면 생각이 떠나지요?"처럼, 그렇다, 님의 부재가 생각의 있음으로 전환되는 것이다.

그렇지만 없는 님을 님 생각으로 대리 보충하는 변증법의 유혹에 빠지지 않은 예외적인 서정시도 있다. 박재삼의 〈아득하면 되리라〉가 바로 그 예외이다.

해와 달, 별까지의

거리 말인가

어쩌겠나 그냥 그 아득하면 되리라

사랑하는 사람과

나의 거리도

자로 재지 못할 바엔

이 또한 아득하면 되리라

이것들이 다시
냉수사발 안에 떠서
어른어른 비쳐 오는
그 이상을 나는 볼 수가 없어라

그리고 나는 이 냉수를
시방 갈증 때문에
마실밖에는 다른 작정은 없어라

이 시의 화자도 "사랑하는 사람과 나의 거리"를 운운하는 것을 보면 〈못 잊어〉의 주인공처럼 님과 헤어진 듯이 보인다. 갈증으로 목이 마르듯이 부재하는 님에 대한 그리움이 목울대까지 차오르는 듯 보인다. 그렇지만 그는 〈님의 침묵〉의 화자처럼 님의 부재를 생각의 있음으로 화려하게 변형시키지 않는다. 다른 시적 화자들에 비하면 박재삼의 화자는 득도한 고승처럼 대범하며 안타까운 생각으로 엄살을 떨지 않는다. "이 냉수를 시방 갈증 때문에 마실밖에는 다른 작정은 없어라." 그는 냉수 사발에 어른거리는 님의 모습에 넋을 놓고 있지도 않으며, 님의 상실이 못내 억울해서 생각으로 빈틈을 잔뜩 채워 넣지도 않는다. 목이 타는데 물을 마시지 않고 물잔을 들고 생각에 잠기는 화자들과는 달리 그는 생각으로 목을 적시지 않는다. 그냥 물을 마신다. 그는 화두話頭를 가지고 밤낮으로 골방에 앉아서 생각하고 고민하며 몸을 축내는 소시민이 아니라 풀어야 할 화두가 없다는 듯이 자리를 털고 일어나는 득도한 스님에 가깝다. 일단 생각의 울타리에 갇히면 벗어날 방법이 없다는 사실을 너무나 잘 알고 있는 것이다. 우리가 화두를 풀기 위해서 사는 것이 아니라 살기 위해서 화두를 잊어도 좋다는 진리를 잘 알고 있는 것이다. 왜 갈증을 생각하는가? 그냥 물을 마시면 되지 않는가.

이 지점에서 잠시 이야기를 뒤로 돌릴 필요가 있다. 〈아득하면 되리라〉에 흥이 난 나머지 나는 정작 논의가 필요한 대목을 건너뛰고 말았기 때문이다. 한편으로 아무것도 아닌 것에서 화려한 유의 날개를 펄럭이게 만드는 생각의 변증법은 백조처럼 우아한 자태를 뽐내지만, 그러기 위해서는 백조가 물밑에서 부지런하게 발길질을 하듯이 힘든 생각의 노동과 땀이 있어야 한다. 생각의 스트레스가 투입되지 않으면 부재하는 님이 현존하는 님 생각으로 승화되지 않는다. 생각으로 님을 초혼招魂하기 위해서는 우리는 더욱더 님의 부재를 의식하고, 더욱더 눈물을 흘리며, 더욱더 불행해져야 한다. 아무리 목이 말라도 냉수를 마시지 않아야 한다. 그리고 님을 떠나보낼 수밖에 없었던 자신의 무능과 부덕을 곱씹고 반추하는 일을 일용할 양식으로 삼아야 한다. 부재가 현존으로 바뀌기 위해서는 피와 눈물의 제물이 필요한 것이다. 이것은 누구나 잘 알고 있는 고대의 풍습이다. 과거에 아스텍 족은 가뭄이나 홍수와 같은 자연재해가 몰아닥치고 대책 없이 앉아서 당해야 하는 상황에 처하면, 분노한 신을 위로하기 위해서 살아 있는 인간을 희생의 제물로 바쳤다. 심청이도 인당수에 몸을 던져야 하지 않았던가. 그리고 트로이 전쟁의 총사령관 아가멤논도 금지옥엽 눈에 넣어도 아프지 않은 딸 이피게니아를 포세이돈에게 제물로 바치지 않으면 안 되었다. 순풍을 달라고 기원하면서. 부재하는 순풍이나 풍작을 불러오기 위해서는 인간의 피가 요구되었던 것이다.

우리는 과거에 그러했듯이 부재하는 님을 불러오기 위해서 생떼 같은 젊은 목숨을 제물로 바칠 필요가 없다. 그러나 그렇다고 떠난 님이 공짜로 우리의 마음을 님 생각으로 채워 준다고 생각하면 오산이다. 값을 치러야 한다. 무엇을 지불하는가? 형벌의 역사를 보면 이러한 질문에 답할 수 있는 단서를 찾을 수 있다.

사람들 사이에서는 눈에는 눈, 이에는 이의 법칙이 적용되었다. 치누아 아체베의 《모든 것이 산산이 부서지다》를 보면 극히 최근까지도 아프리카의 일부 지역에서는 이러한 복수법이 시행되고 있었다는 사실을 알 수 있다. 그러나 문명화되는 과정에서 함무라비의 복수법은 게르만의 인명배상금wergeld처럼 인명의 손실을 재물로 변제하는 제도로 전환되었다. 죄의 정도에 따라 손발이나 혀, 귀를 자르는 형벌이나 능지처참, 태형, 장형 등이 부과되기도 하였지만, 19세기 후반으로 접어들면서 그러한 신체적 형벌이 점차 사라지기 시작하였다. 미셸 푸코가 《감시와 처벌》에서 설명하였듯이 육체적 형벌이 훈육과 교화로 대치되기 시작하였다. 과거에 신체에 가해졌던 형벌이 이제 정신적 훈육과 교화로, 즉 양심과 의식, 생각으로 내면화된 것이다. 만약 오른손이 범죄를 저질렀다면 오른손을 절단하는 것으로 충분하지 않다. 범죄자의 인격 전체가 변화되어야 한다. 장발장처럼 배가 고파서 빵을 훔친 경우, 그것은 일회적인 도둑질이 아니라 그의 인격 전체가 도둑이라는 증거가 되는 것이다. 이제 그는 "너는 도둑이다"라는 경찰의 판단을 내면화하고, 마음을 쥐어뜯는 양심의 가책을 받아야 한다. 과거에 몸으로 때웠던 형벌이 이제는 의식과 생각의 영역으로 전이가 된 것이다. 현대인은 신체의 일부나 목숨이 아니라 생각을 제물로 바치게 되지 않았는가. 이처럼 내면화된 형벌의 논리에 따르면 애인이 나의 곁을 떠났다면 그것은 내가 '못난 놈'이기 때문이다. 나에게 모든 책임과 원인이 귀속되는 것이다.

프란시스코 데 고야, 〈아들을 잡아먹는 사투르누스〉(1819)

생각에 먹고 먹히다

고대 희랍 신화에서 제우스의 아버지 크로노스(사투르누스)는 아들이 태어
나기가 무섭게 입에 넣고 삼켜버렸다. 아들이 아버지를 추방할 것이라는
예언 때문이었다. 먹고 먹히는 아버지와 아들의 관계가 거인처럼 비대해진
생각과 우리 존재의 관계이다. 너무 생각을 많이 하면 나는 산처럼 거대해
진 생각에 그만 삼켜져버린다.

불행은 행복의 조건

님이 떠난 이유는 천 가지 만 가지가 있을 수 있다. 그것은 나의 행동이나 성격과 상관없이 새똥이 재수 없이 머리에 떨어지듯이 아주 우발적인 사건, 이유나 원인이 없는 단순한 우연일 수 있다. 꽃이 지듯이 자연스럽게 떠났을 수도 있다. 나는 떠난 님을 떠나보내고, 돌아서는 순간에 깨끗이 잊으면 되는 것이다. 더 이상 내 곁에 없는 그녀를 신줏단지 모시듯이 기억에 담아 둘 필요가 없다. 이처럼 이별의 행위는 생각과 기억의 긴 그림자를 드리우지 않고, 일회적으로 가뿐하게 완료될 수 있다. 그러나 〈님의 침묵〉이나 〈못 잊어〉의 화자는 떠난 님에게 작별을 고하지 못한다. 분명히 언덕 너머로 사라진 그녀가, 해가 지고 달이 뜨듯이 그의 마음으로 귀환하는 것이다. 우주까지 따라갈 생각의 긴 끈으로 그녀를 붙잡고 놓아주지 않기 때문이다. 부재하는 님이 생각의 현존으로 재입장하는 것이다. 이것은 꿈의 구조를 가지고 있다. 그녀의 꿈을 꾸기 위해서는 계속해서 그녀에 대해, 특히 떠난 이유에 대해서 생각하지 않으면 안 된다. 떠난 님을 생각하는 순간에 마음은 이별과 연상되는 이미지와 기억으로 가득 채워지기 시작한다. '그때 내가 그러지 말아야 했는데.' '좀 더 잘 해줘야 했는데.' 그러면서 후회와 죄책감의 소용돌이에 휩싸이게 된다. 비바람처럼 휘몰아치는 후회와 죄책감은 환영할 만한 일이 아니다. 그러나 우리의 화자에게는―"그리워 살뜰히 못 잊는데 어쩌면 생각이 떠나지요?"―후회와 죄책감은 님을 잊지 않고 기억하는 소중한 형식이 된다. 불행이 행복의 조건이 되는 것이다.

　이별한 님이 생각에서 떠나지 않는 본질적인 이유는 이별을 자신의 책임으로 돌리기 때문이다. 모두 다 나의 탓이라는 것이다. '나의 탓'은 현존과 부재의 교묘한 변증법의 단짝이다. 모든 것이 다 나의 탓이라면 드라마의 유일한 주인공은 바로 화자 자신이 된다. 화자 자신이 기승전결의 플롯이며, 사랑의 훼방꾼이고 조력자이며 주인공이자 조연이다. 왜? '내가 만약 그때 다르게 행동을 했더라면'이라는 가정을 따라서 생각이 떠오르기 때문이다. 물론 두말할 나위가 없이 그는 그때 다르게 행동할 수가 없었다. 그러한 행동의 원인은 화자가 아니라 감기 몸살이나 연착한 기차, 혹은 자동차 사고에 있었다. 그는 당시에 전개되었던 상황의 주연이 아니라 조연이었으며, 가해자가 아니라 피해자로, 개입할 수 있는 여지는 전혀 없었다. 그러나 다르게 행동할 수 있었다고 생각함으로써 그는 상상 속에서 그러한 상황의 주인공이 된다. 아무것도 책임질 일이 없었던 사람이 과거를 재구성하는 과정에서 모든 것에 책임을 져야 하는 인물로 바뀌는 것이다. 그러니 후회의 한숨을 내쉬며 자신을 자책할 수밖에 없다. 고생을 사서 한다는 말이 있다. 그는 생각을 '사서 고생'하는 것이다. "인간은 자신의 불행 속에 홀딱 빠지는 성미 고약한 짐승 이다."(조지 기싱, 《기싱의 고백》)

앞서 생각은 부재하는 대상에 대한 것이라고 했다. 님의 부재라는 불행한 사실이 생각을 촉발하는 것이다. 님 과의 이별이 화자의 존재를 뒤흔들어 놓으면 그동안 잊고 있었던 온갖 기억의 앙금들이 의식의 표면으로 소용돌이 치며 일시에 떠오르게 된다.

이런 기억들이 떠오르는 이유는 뭘까? 떠올리려 하지 도 않았는데. 항상, 지난 일을 떠올릴 때면 떠올리고 싶 지 않은 기억들이 떠오른단 말야. 떠올리고 싶은 기억 들은 떠오르지 않고.(정영문, 《더없이 어렴풋한 일요 일》, 63쪽)

과히 유쾌하지 않은 이런 기억들이 생각의 맷돌을 돌 리는 동력이 된다. 〈독사과〉의 블레이크였다면 맷돌에 갈 리면서 곡물이 독이 된다고 말했을 것이다. 아무튼 불행한 의식이 생각을 대량으로 생산하기 시작한다. 그의 눈에 나 무는 나무가 아니라 그녀의 부재를 가리키는 기호이며, 꽃 도 꽃이 아니라 그녀의 부재를 알려주는 상징이 된다. 나 무와 꽃이 그녀의 부재로 해석되는 것이다. 릴케는 〈두이노의 비가〉제1비가에서 그러한 부재의 변증법을 다음과 같이 묘사하였다. "모든 사건들이 사랑하는 이를 예고하고 있다는 기대감에 부풀어 그대는 언제나 마음이 들떠 있지 않은가?" 그에게 사랑은 모든 것을 설명해주는 초월적 기표가 된다. 나무는 그녀의 부재를 증언하고 있지 않은가. 그는 꽃을 보면서도 "꽃이 다시 피면 그녀도 다시 돌아오지 않을까?" 하며 자문하고 있다. 나무와 꽃을 보는 시선이 님에게로 미끄러지는 것이다. 그는 있음의 세계가 아니라 없음의 세계에 살고 있다.

이와 같이 생각이 부재하는 대상을 현재의 공간으로 불러오는 형식이라면 다음과 같이 심각한 문제가 발생한다. 생각하는 사람은 정작 자신의 앞에 있는 현실을 놓치며, 없는 것을 가지고 있는 것들을 추방하는 사람이다. 그는 꽃과 나무에 대해 생각할 뿐 오감으로 지각하지는 않는다. 님을 지각하는 것도 아니다. 다만 생각할 따름이다. 앞서 인용된 시구가 속한 절에서 릴케는 말한다. "그렇다— 봄이 그대를 몹시 필요로 하고 있다. 때로 별들은 자기를 봐달라고 그대의 눈길을 기다리고 있다." 시인에게 봄바람과 별을 비롯해서 사물은 구체적인 지각의 대상이다. 오감으로 사물을 지각하는 순간, 사물과 일대일로 만나는 순간에 우리의 몸에도 변화가 생기기 시작한다. 프랑스의 과학철학자이자 문예비평가인 바슐라르는 눈의 홍채가 파랗게

변하지 않으면 우리는 파란색을 볼 수 없다고 말했다. 봄바람이 불어오면 겨울 동안 움츠렸던 몸의 세포들이 기지개를 켜면서 일어나 두리번거리고 수런거리기 시작한다. 그러면 가려움증처럼 우리는 밖으로 나가고 싶어서 안달이 난다. 코끝까지 찾아온 봄을 머리로 생각하는 것이 아니라 온몸으로 느끼는 것이다. 추운 겨울에 벽난로 앞에서 봄을 기다리며 봄 생각에 젖어 있었다면 이제는 완연한 봄기운을 즐기면 된다. 생각의 의자를 접고 일어나 봄을 맞이하러 나가면 된다. 그러나 우리의 생각하는 주인공은 봄이 찾아왔는데도 의자를 접지 않는다. 봄은 자연의 방문객이 아니라 여전히 부재하는 님을 증언하는 기호이다.

나무와 꽃을 손으로 만지고 냄새를 맡으며 지각하는 사람은 생각하지 않는다. 갈증에 냉수처럼 고맙고 기쁠 따름이다. 그러나 우리의 생각하는 주인공은 나무와 꽃을 사상捨象하고 해체한다. 옛날에 플라톤은 이상적인 꽃에 비하면 현실의 꽃은 충분히 아름답지 않다고 타박하였다. 그에게 진짜 꽃은 이데아 꽃의 복제에 지나지 않았다. 마찬가지로 우리의 주인공에게도 목전의 꽃은 충분히 꽃답지 않다. 과거에 님과 함께 거닐던 공원의 꽃들에 비하면 지금의 꽃은 꽃도 아니다. 그는 가까운 것을 보는 것이 아니라 먼 과거나 미래로 시선을 던지기를 좋아하는 것이다.

（3）

생각의 왕과
현실의 거지

"세상은 연극 무대"라는 유명한 말이 있다. 셰익스피어가 속해 있던 극단 글로브Globe에 이 격언이 라틴어로 새겨져 있었다. 이 말대로 세상이 극장이고 삶이 연극이라면 우리는 잠시 등장했다가 사라지는 단역들이다. 소크라테스나 뉴턴, 괴테, 나폴레옹과 같은 주연도 있지만 우리 대부분은 단역들이다. '나'라는 것도 알고 보면 대본에 이미 적힌 역할에 지나지 않는다. 이것은 인격person의 어원을 살펴보면 쉽게 알 수 있다. 고대 희랍의 연극 무대에서 배우들이 쓰는 가면이 페르소나persona였다. 배우들은 뒷좌석의 관객들까지 볼 수 있도록 커다란 가면을 썼으며, 말하는 소리를 모두 들을 수 있도록 가면의 입에 긴 깔때기를 달았다. 무대의 배우에게 '나'는 하등 중요치 않다. 교사나 학자, 문필가, 남편 등의 역할만이 중요할 따름이다. 그렇다면 이러한 무대에서 나는 '나'에 집착해서는 안 된다. 가장 못난 배우는, 예를 들어, 교사의 역할을 교사가 아니라 자기의 평소 성격에 따라서 연기하는 배우이다.

　물론 세상은 연극 무대가 아니다. 어김없이 각본과 역할에 따라서 움직이는 무대와 달리 삶에는 너무나 많은 우연과 변수가 작용하기 때문이다. 만약 영화라면 우연과 애드리브로 영화를 찍는 홍상수 감독의 작품을 떠올리면 될 것이다. 그러나 조금 더 생각해보면 이러한 유추가 썩 적합하지 않다는 점이 금방 드러난다. 영화에는 미장센을 비롯해서 모든 것을 총지휘하는 감독이 있다. 그러나 삶이라는 연극에는 감독이 없다. 과거 주술적 사회에서는 그러한 초월적인 감독이 있다고 믿기도 했다. 운명론이나 예정설에 따르면 인간은 신이 두는 장기판의 말에 지나지 않는다. 신심이 강했던 쿠사의 니콜라스Nicholas of Cusa는 《신의 비전The Vision of God》에서 "신이 나를 보고 있기 때문에 나는 존재한다"라고 자랑스럽게 고백하였다. 그러나 니체가 "신은 죽었다"고 세상이 떠나가게 일갈한 이후 아무도 그러한 초월적 감독의 존재를 믿지 않게 되었다.

삶은 감독 없이 배우들끼리 자발적으로 공연하는 연극일까? 세상은 신이 없는 극장일까? 뉴턴과 같은 근대 초기의 이신론자들은 '원인 없는 원인'을 가지고 세상의 기원을 설명하기도 하였다. 신분을 밝히지 않은 익명의 후원자처럼 신이 우주라는 시계의 태엽을 감아놓고는 더 이상 간섭하지 않고 영원히 무대의 뒤편으로 사라졌다는 것이다. 이처럼 신이 부재한다면 우주는 오로지 물리적으로만 설명되어야 한다. 시간을 뒤로 돌리거나 건너뛰는 초자연적인 기적은 일어날 수가 없다.

나는 신이 존재하지 않는다는 것을 기정사실로 받아들인다. 세상의 모든 것을 일목요연하게 설명해주는 초월적인 존재는, 일찍이 인간이 생각해냈던 허구 가운데 가장 위대한 상상력의 산물이었다. 그러나 값비싸고 화려하지만 유통기한이 지난 상품처럼 우리는 이 기념비적 작품을 폐기하였다. 그러나 신이 떠났다고 해서 우리가 신을 상상해야 했던 심리적 동기까지도 동시에 물러났다고 생각해서는 안 된다.

왜 내가 연극을 이야기하고 신을 이야기하는가? 현대인이 처한 심리적 상황을 이해하기에 가장 좋은 우회로가 '사라진 신'이다. 우리의 희망과 절망, 좌절과 분노, 짜증과 스트레스, 이 모든 것이 신을 경유하지 않으면 설명될 수가 없다. 특히 이 책의 주제인 '생각의 소음'이라는 현대적 증상을 진단하기 위해서 신의 존재는 필수적이다. 왜? 뉘엿뉘엿 해가 지는 서편 하늘 너머로 신이 사라지자, 아무것도 없어서 자칫하면 공허할 수 있는 하늘로 노란 달이 얼굴을 내밀기 시작하였다. 잠시 뒤에는 수많은 별들이 반짝이며 하늘을 수놓기 시작하였다. 신이 사라지기가 무섭게 온갖 잡신들이 두더지처럼 활동을 시작한 것이다. 칠흑 같은 어둠의 숲, 대낮에 위풍당당했던 것들이 거짓말처럼 어둠으로 용해되는 밤의 시간, 높고 낮은 차이가 사라지는 평등의 시간, 장관과 장군도 예복과 제복을 벗고 침실에 들어야 하는 시간─내일을 위해 하루에 작별을 고하며 문고리를 걸어 잠궈야 하는 시간이, 그러나 올빼미에게는 오늘의 시작이다. 특히 미네르바의 올빼미에게는 사색을 위한 최적의 시간이다. 정오의 태양이 고개를 박고 잠

자는 시간에 미네르바의 올빼미는 그 큰 날개로 세상을 휘
젓는 것이다.

애초에 왜 우리는 신을 원했던 것일까? 굳이 신의 이
름을 호명하지 않더라도 먹고사는 우리의 일상에는 아무
런 지장도 없었을 것이다. 분명 뇌성벽력이나 폭풍, 전염
병과 같이 무지막지한 자연의 힘에 대한 불안과 공포가 한
몫을 했을 것이다. 엄청난 자연의 힘 앞에서 속수무책이었
던 인간은 발을 동동 구르며 자신의 나약함과 왜소함에 절
망하였다. 그리고 그와 같이 자연을 좌지우지하는 막강한
존재자를 상상하고 인간의 모든 행복과 불행의 원인을 그
에게 돌림으로써 위안을 받고자 했을 것이다. 현상의 원인
을 모르는 것보다는 알고 있는 것이 그나마 마음의 균형
을 회복하는 데 도움이 되었을 것이다. 아리스토텔레스에
게 신은 제1원리이며 제1원인이었다. 이 점에서 신의 존재
는 담론적이다. 사건의 원인을 이해하고 설명할 필요에서
신이 탄생한 것이다. 그리고 나약하고 죽을 수밖에 없으며
실수투성이인 것이 인간이라면 신은, 이에 대한 반대급부
로서 영원불변하고 전지전능하고 자족적인 존재로 상상되
어야 했다.

신의 죽음은 모든 현상을 설명해주는 담론적 체계의
종말을 의미하는 것이었다. 우주의 중심이 실종된 것이다.
그럼에도 행복과 불행, 고통과 기쁨의 원인과 이유를 알고

싫어 하는 우리의 욕망은 조금도 누그러지지 않은 채 그대로 남아 있다. 그가 왜 나를 모욕했을까? 어떻게든지 설명이 되어야 하는 것이다. 이러한 의문에 대한 대답이 없다면—여기에서 급진적인 반전이 일어난다—하다못해 질문자인 '나'라도 대답을 해야 한다. 전능적 행위자이며 자기원인인 신이 없다면 나라도 그 역할을 떠맡아야 하는 것이다. 파스칼이 정확히 파악했듯이 우주에 중심이 없다면 우주의 크고 작은 모든 지점이 다 중심이 될 수 있다. 신이 없다면 모두가 신이 되는 것이다. 민주주의 사회에서 신으로의 신분 상승을 방해하는 요인은 아무것도 없다. 중세나 신분사회였다면 신성모독이나 대역죄인으로 능지처참을 당했을 것이다.

민주주의의 딜레마?

1975년에 영화화되기도 한 루드야드 키플링의 《왕이 되려던 사나이》는 중심이 없는 우주의 중심을 잘 보여주는 소설이다. 신분사회라면 평민이 왕이 되는 것은 불가능하다. 그러니 평민은 왕이 되려는 꿈도 감히 꾸지 못한다. 태양은 유일무이하게 하나이지 않은가! 프랑스의 루이 14세 태양왕을 보라. 그러나 그의 손자였던 루이 16세는 단두대에서 이슬로 사라졌다. 우주를 핏빛으로 물들이며 유일무이한 태양이 피를 토하고 쓰러지자, 그때까지 학대받고 수모를 당하던 모든 사람들은 자기도 노력하면 왕이 될 수 있다는 혁명의 메시지를 감지했다. 히드라에게서 하나의 목을 자르면 두 개의 목이 솟아났지만 왕의 목이 달아난 자리에는 무한대의 왕관이 솟아오르기 시작했다. 이러한 프랑스 혁명이 없었더라면 키플링의 《왕이 되려던 사나이》는 쓰일 수 없었을 것이다. 군인 출신의 피치와 다니엘은 절도, 총기밀수 등 사기행각을 벌이다 조국에서 추방당한 사기꾼이다. 그럼에도 이들은 왕이 되려는 야망을 가지고 있었으며, 그 대가로 목숨을 잃기는 했지만 아무튼 잠시나마 왕이 되었다. 누가 혹은 무엇이 이들의 야망을 막을 수 있겠는가? 없다. 신분의 귀천이 없을 뿐 아니라 기회의 균등이 법으로 명시된 민주주의에서는 원칙적으로 누구나 백만장자가 될 수 있으며, 누구나 유명한 여배우와 결혼할 수 있고, 원한다면 한 국가를 사들일 수도 있다. 원칙적으로 누구나 자기 운명의 주인공이며 또 누구나 행복할 수가 있다. 그러한 능력의 소유자가 신이 아니라면 무엇이 신이겠는가!

현대의 영화와 연극에 등장하는 대부분의 주요 인물들은 왕이 되려는 야망의 인물들이다. 개천에서 용 나듯 창업 신화를 일으키며 거지에서 백만장자가 되는 이야기, 신데렐라 이야기 등이 그러한 야망의 현장이다. 죽어라 노력하면 걸어서 하늘까지 오를 수 있다는 생각은 현대인에게만 찾을 수 있는 특유의 세계관이다. 과거처럼 출신이나 신분, 학벌이 발목을 잡지도 않는다. 신이 그러하듯 모든 것은 개인의 의지에 달려 있는 것이다. 이러한 이유로 왕이 되지 못하는 사람은 실패자가 된다. 세상의 악에 대해서 신이 책임을 져야 했듯이 행복하거나 여유롭지 못하면 그것은 다 개인의 책임이 된다. 마음을 독하게 먹고 열심히 노력하면 성공의 고지에 못 오를 이유가 없다고 믿고 있기 때문이다.

이론적으로 행복과 성공의 문이 누구에게나 열려 있다는 사실, 여기에 민주주의 사회의 딜레마가 있다. 카프카의 《성》처럼 문은 누구에게나 열려 있지만 막상 열려고 하면 벽이 되어 있다. 원칙적으로 영화 〈귀여운 여인Pretty Woman〉의 남자 주인공처럼 부유하고 미남인 것이 당연한데, 아서 밀러의 《세일즈맨의 죽음》 속 윌리처럼 초라하고 볼품이 없는 자신을 발견한다. 과거에 가난한 평민들은 부유한 귀족들을 자신의 처지와 비교하면서 부러워하거나 질투하지 않았다. 고양이가 호랑이가 되는 것을 생각조차 할 수 없다면 질투의 감정도 생기지 않는다. 그러나 현대인은 어떠한가. 비교와 부러움, 질투라는 개념을 빌리지 않고서는 현대사회를 이해하는 것이 불가능하다. 아름답고 귀여운 비비안(줄리아 로버츠)과 내가 결혼해야 하는데

영화 〈카프카〉 중에서

한 손으로 행복을 주고 다른 손으로 빼앗는 민주주의

베스트베스트 백작이 자기를 측량 기사로 초빙했다는 통보를 받은 주인공 K는 백작의 성으로 들어가기 위해 백방의 노력을 하지만, 결국 실패하고 만다. 성은 그를 향해 열려 있는 듯이 보이지만 실제로는 접근하는 것이 불가능하다. K는 관료주의의 미로에서 길을 잃고 만다. 민주주의 사회에서는 누구나 노력하면 성공할 수 있는 듯이 보인다. 그러나 막상 성공이 눈앞에 다가오는 순간에 사회적 장애물이 길을 막고 있다는 사실을 발견한다. 다른 길로 우회하거나 뒤돌아가도 마찬가지이다. K처럼 희망이 좌절로 바뀌는 것이다.

에드워드(리처드 기어)란 놈이 낚아챘다면 얼마나 억울하겠는가. 사촌이 땅을 사면 배가 아픈 법이다. 〈리플리〉의 주인공처럼 그놈을 죽여서라도 부와 행복을 거머쥐어야 하지 않겠는가.

이와 같은 이론과 현실의 균열이 이 책에서 내가 말하고자 하는 생각의 잠음의 사회적·문화적 배경이다. 생각 속에서는 신처럼 군림하고 있지만 현실에서는 중하류층 소시민에 지나지 않는다. 이러한 균열은 다음과 같이 정식화될 수 있다. '나는 내가 신이라고 생각한다. 그러나 할 수 없는 것을 보니 인간이다.' 생각으로 무엇을 상상하지 못하겠는가? 민주주의는 생각의 자유를 주었다. 그러나 현실은 생각의 실현을 가로막는 장벽으로 둘러싸여 있다. 미네르바의 부엉이는 그러한 장벽이 보이지 않는 밤에만 눈을 뜨고 세상을 본다. 그러나 낮에 눈을 뜨면 실명해 버린다. 민주주의는 한 손으로 행복을 주고서 다른 손으로 그것을 빼앗는 것이다. 그래서 우리는 일찍이 한 번도 소유한 적이 없었던 행복을 왠지 박탈당했다는 고약한 생각에 젖어들게 된다. 눈을 떴을 때 직면하는 불행의 현실이 상상의 행복과 대조되면서 더욱 불행한 느낌을 가중시키기 때문이다. 한 번도 왕이었던 적이 없던 남자가 자기는 억울하게도 왕위를 찬탈당했다고 애통해하면서 가슴을 치는 것이다. 이것이 전형적인 불행한 의식이다.

불행한 의식은 데카르트적 코기토의 주체가 된다. 그는 생각한다는 사실에서 스스로의 존재를 유추할 수 있었다. 이러한 유추의 논리에서 생각과 존재의 관계는 역전되어 있다. 이것이 바로 민주주의적 사유의 구조이며 정서가 아닌가. 생각이 존재에 선행하는 것이다. 여기에서 존재와 생각 사이의 시차, 양자의 불일치가 민주주의적 주체를 분열시킨다. '나는 왕이라고 생각한다. 그러나 나는 거지처럼 살고 있다.' '나는 감독이라고 생각한다. 그러나 나는 단역 배우에 지나지 않는다.' '잠잘 때마다 신이 되는 꿈을 꾼다. 그러나 일어나 보면 눈칫밥을 먹는 봉급쟁이다.' 이러한 희망적 사유Wishful Thinking에서 나는 세계의 중심이며 주인공이다. 그러나 생각의 문을 열고 밖으로 나가는 순간에 장밋빛 무지개는 수증기의 뭉텅이에 지나지 않는다는 사실에 직면하게 된다. 될 수 있으면 생각의 왕국에 머물러 있어야 하는 것이다.

깨면 안 되는 꿈

근대의 위대한 선각자의 하나였던 파스칼은 이러한 생각과 존재의 균열에 몸살을 앓았던 인물이었다. 그는 우주에 중심이 없으면 모든 것이 중심이 된다고 선언함으로써 모든 개인이 신이 될 수 있는 민주주의의 운명을 예견하였다. 그리고 이 고결한 영혼과 기하학적 이성을 소유했던 파스칼은 거지와 왕, 꿈과 현실에 대한 교차적·대조적 우화를 가지고 그와 같이 균열된 주체의 증상을 진단하였다. 파스칼은 다음과 같은 생각 실험을 제안하였다. 왕이 거처하는 호화찬란한 궁전의 바깥에는 하루하루 구걸로 목숨을 연명하는 거지가 살고 있다. 그런데 이 둘은 하루에 12시간씩 잠을 자며 꿈을 꾼다. 거지는 왕이 되는 꿈을 꾸고, 반대로 왕은 거지가 되는 꿈을 꾸는 것이다. 두 사람 가운데 누구의 운명을 선택하겠는가? 너무나 뻔한 답이 나올 것이라고 예상하면 안 된다. 우리는 생각하기 때문에 존재하는 코기토적 주체가 아닌가. 꿈도 분명 생각의 한 종류이다.

　　파스칼의 우화에서 거지가 왕이 될 수 있는 가장 간단한 방법은 12시간이 아니라 24시간 잠을 자는 것이다. 그러기 위해서는 기지개를 켜고 일어나 몸을 움직이면 안 된다. 움직이는 순간에 닭소리에 달아나는 유령처럼 꿈이 멀찌감치 달아나기 때문이다. 생각만 하고 몸을 움직이지 않으면 왕이 되는 행복을 계속 유지할 수 있는 것이다. 침대가 방의 한쪽 구석에 놓여 있듯이 몸은 현실의 공간과 질서에 속해 있다. 그러나 생각은 그와 같이 구차한 현실의 제약과 간섭을 받지 않아도 되는 자유의 영역이다. 몸이 아니라 생각과 동일시를 하면 거지는 왕의 신분을 잃지 않을 수 있는 것이다.

왕과 거지의 이야기는 의미는 있지만 비현실적이고 황당한 허구가 아니다. 이 이야기는 우리가 살고 있는 현실의 성격을 상징적으로 보여주고 있다. 우리는 세상이라는 무대의 단역 배우에 지나지 않는다. 그럼에도 우리는 자신이 마치 전지전능한 감독인 듯이 생각하면서 살고 있지 않은가. 우리는 내키는 대로 연기하는 것이 아니라 각본과 감독의 지시에 따라서 한다. 그럼에도 우리는 내 운명의 완전한 주인으로서 아무런 구속이 없이 자유롭게 살고 있다고 생각하지 않는가.

앞서 우리는 인격이라는 것이 주어진 사회적 역할이라는 것을 살펴보았다. 이것은 연극이나 소설의 등장인물 캐릭터character에 대해서도 마찬가지이다. 캐릭터의 어원은 '몸에 각인된 표식'을 뜻하는 희랍어 '카락테르charaktēr'이다. 14세기 중반까지도 이러한 의미로 '캐릭터caracter'라는 단어가 사용되었다. 나중에 이는 문학적 용어로 전용되어, 다른 사람들과 특별하게 구별되는 등장인물의 고유한 성격이나 특징이라는 의미를 갖게 되었다. 그런데 18세기 이후로 이 캐릭터라는 용어는 'man of character'라는 표현처럼 일상적 어법에서는 예외적으로 야무진 사람이나 별난 사람, 혹은 대단한 사람이라는 새로운 의미를 얻게 되었다.

이와 같은 캐릭터의 의미 변화는 내가 말하는 주제와 무관하지 않다. 우리는 연극 무대에서 각본에 짜인 대로 연기하는 배우인지 모른다. 그렇지만 우리 스스로는 자신이 대단한 사람이라고 생각하는 것이다.

어떤 일화, 끝나지 않는 재상연

다시, 연극 이야기로 돌아오자. 우리는 자신이 감독이라고 생각하지만 실제 무대에서는 단역을 연기하는 배우라고 말했다. 일상적인 삶의 현장에서 어떻게 우리는 모든 것을 총괄하는 감독이 되는 것일까? 현실에서 이러저러한 이해관계로 얽혀서 꼼짝달싹할 수 없다면 우리는 이미 쓰인 각본과 크게 다르지 않다. 그러나 감독이 동시에 극작가라면 그는 쓰인 대본을 수정하고 변경하기도 하면서 연극을 총감독한다. 수동적인 역할이 아니라 능동적인 역할, 곁다리가 아니라 중심에서 마치 베를린 필하모닉 지휘자 카라얀처럼 전체를 지휘하는 것이다. 그러나 카라얀이 아닌 우리는 이러한 역할을 생각으로 한다. 그것도 반복적으로 한다. 그러나 미네르바의 올빼미가 밤에만 날듯이 사건이 종료된 다음에 이미 끝난 연극을 되새김질하면서 생각의 무대에 다시 올린다. 일상적으로 자주 경험할 법한 일화를 하나 소개하기로 하자.

마크 트웨인의 《왕자와 거지》 삽화

왕자가 되는 꿈

왕자와 거지 톰은 사람들이 동일인으로 착각할 정도로 생김새가 똑같지만 신분은 하늘과 땅 차이다. 실제로 왕자와 옷을 바꿔 입고 왕자 행세를 하기 전에도 톰은 왕자가 되는 꿈을 자주 꾸곤 했다. 그러나 우리에게는 단 한 시간도 왕이 될 기회가 주어지지 않는다. 그렇다면 우리는 거지 옷을 입고 왕의 생각만 하고 있는 것인가? 아니다. 우리는 왕의 옷을 입고 자기가 왕이라 생각을 하고 있지만, 문제는 다른 사람들이 왕으로 봐주지 않는 것이다. 그렇다면 우리는 미친 사람이 아닌가.

예전에 모욕을 당했던 적이 있다. 동료들과 회의하는 자리에서 나는 누군가의 이름을 말해주어야 했다. 그러나 아무래도 생각이 나지 않아서 꾸물거리다가 나중에 알려주겠노라고 했다. 젊은 시절에도 기억력이 과히 좋지 않았는데 요즘에는 같은 단과대학의 동료 이름도, 수명이 다한 형광등처럼 생각으로 깜빡이다가 끝내 떠오르지 않는 때가 많다. 그런데 동료 한 사람이 불쑥 내뱉었다. "김 선생님이 뭐 아는 거 있어요?" 나는 순간적으로 당황했다. 웃자고 하는 농담이 아니라 진지한 표정으로 말했기 때문에. 엉겁결에 나는 "나는 아는 게 하나도 없어요"라고 대답하면서 무지를 인정하였다. 그러고는 상황이 종료되고, 회의는 계속 진행되었다. 대수롭지 않게 생각하기는 했지만 마음은 편치 않았다. 그러나 사실 상황이 종료되지 않았다는 사실을 깨닫기까지 오랜 시간이 걸리지 않았다. 집으로 향하는 길에 자꾸만 "김 선생이 뭐 아는 게 있어요?"라는 말이 귓전을 울리는 것이었다. 너무나 쉽게 자신의 무지를 인정한 내 자신이 그렇게 원망스러울 수가 없었다. "그럼 당신은?" 생각하면 생각할수록 괘씸했다. "김 선생이 뭐 아는 게 있어요?"라는 말은 공적인 자리에서 아무렇게나 쉽게 할 수 있는 말이 아니다. 상대방을 모욕하거나, 그게 아니라면 무안을 주는 말이기 때문이다. 과거의 귀족이라면 이것을 장갑을 벗어 땅바닥에 던지는 도전이나 결투 신청으로 받아들였을 것이다. 그런데 나는, 군주의 어릿광대처럼 실실 웃으면서 아무것도 모른다고 대답하지 않았던가. 좋다! 내가 이름을 몰랐던 것은 엄연한 사실이다. 그러나 내가 마음 상하지 않도록 보다 부드럽게 그것을 상기시켜줄 수도 있지 않았던가. 대체 그 선생은 무슨 의도로 나에게 무안을 주었을까? 그냥 순간적으로 그도 모르게 무심결에 튀어나온 말이라고 생각하기에는 비중이 너무나 컸다.

만약 그날 있었던 일이 연극이었다면, 회의가 끝나는 순간에 무대는 막을 내리고 배우들이 연기했던 자리에는 싸늘한 정적만이 감돌고 있었을 것이다. 그런데 나는 이 일회적으로 끝난 사건이 아직도 진행형이라는 듯 계속해서 마음속으로 재상연하고 있었다. 그러나 재상연은 원본과 똑같은 것이 아니라 각색된 것이었다. 회의에서 나의 역할이 1/n에 지나지 않았다면 이 재상연의 극장에서는 1이다. 아무것도 아니었던 내가 모든 것이 되고, 배우였던 내가 감독의 행세를 하고 있는 것이다. 그 선생의 모욕적인 발언에 보다 유연하면서도 재치있게 반응하거나, 아니면 그 자리에서 면박을 주어야 했다. 그것은 그렇고 모욕을 당했는데 어떻게 되갚아주지? 그날은 걷기에 좋은 날이어서 집까지 걸어갔다. 2시간 내내 이러한 생각을 머릿속에 굴리고 있었다.

이 간단한 사건에는 내가 말했던 세상이라는 연극의 주요한 요소들이 모두 포함되어 있다. 첫째, 나는 현실에서 당했던 모욕과 상처를 그것에 대한 생각으로 위안을 삼으려고 하였다. 현실에서의 무능을 생각의 능력으로 보충하려 한 것이다. 둘째로, 나는 한 치 앞을 알 수 없으며 당연히 내 뜻대로 될 수 없는 회의에서 내가 모든 것을 다 알고 통제하는 감독처럼, 전지전능한 신처럼 나 자신을 생각하고 있었다. 당시에 나는 다른 일에 몰입해 있었기 때문에 회의에 참석하고 싶지 않았다. 또 그와 같은 몰입에서 충분히 빠져나오지 못한 상태였기 때문에 동료의 공격에 재치있게 반응할 수 없었다. 그럼에도 불구하고 나는 내가 순발력이 있어야 했다고 생각하고 있었다. 셋째, 회의를 포함해서 모든 것이 나의 행복과 기쁨을 위해 존재하고 있다고 가정하고 있었다. 민감한 이해관계가 얽힌 회의에서는 모욕적인 언사가 오가기도 하고, 언성을 높이며 멱살을 잡을 수도 있다. 내가 기분 좋으라고 회의를 하며, 내가 모욕을 당하지 않기 위해서 동료 교수들이 존재하는 것은 아니지 않은가. 그럼에도 불구하고 나는 그래야 한다는 자기중심적 생각에서 벗어나지 못하고 있었다. 넷째, 당시의 회의 상황에서 "김 선생이 뭐 아는 게 있어요?"라는 말은 주목을 받지 못하였다. 아무도 그 말에 관심을 두지 않았다. 중요한 플롯이 아니라 아주 사소한 사건에 지나지 않왔던 것이다. 그럼에도 불구하고 나는 회의에서 결정적인 사건이 바로 그녀의 모욕적인 말이었다고 침소봉대하고 있었다. 그것이 무엇이든 나와 관련된 것이면 다 중요하다고 생각하고 있는 것이다.

그러나 주인공이 되어서 지나간 회의를 재구성하고 재상연함으로써 내가 위안을 받고 언짢은 기분이 사라졌다고 생각한다면 큰 오산이다. 그것은 상처에 연고를 발라주는 것이 아니라 동티가 나고 성이 나게 만들었다. 반복되는 생각이 그렇지 않아도 민감한 상처를 계속 자극함으로써 사태를 더욱 악화시킨 것이다. 감정적 상처에게 먹을거리를 던져준 셈이었다. 감정도 하나의 독립적인 생명체이다. 다른 생명체와 마찬가지로 계속해서 생명을 유지하고 활동 범위를 넓히고 세력을 확대하려는 경향을 가지고 있다. 감정은 생각을 먹고 증식하는 생명체이지 않은가. 아사餓死시켜야 하는데 나는 어리석게도 계속 생각의 먹이를 제공했던 것이다.

왕과 소시민 사이

찰리 채플린은 "인생은 가까이서 보면 비극이고, 멀리서 보면 희극이다"라는 명언을 남겼다. 이것은 다음과 같이 수정될 수 있다. "인생은 주인공에게는 비극이지만 관객에게는 희극이다." 또 주인공을 내려치는 비극의 벼락을 조연은 비켜 갈 수 있는지 모른다. 그런데 우스꽝스럽지 않은가. 세계라는 극장의 조연임에도 불구하고 우리는 자신이 주연이라고 생각하면서 끊임없이 스트레스의 날벼락을 맞고 있지 않은가. 내가 모욕을 당했다는 생각으로 식식 분을 참지 못했던 사건에서 주역은 내가 아니었다. '그 선생'이 나에게 상처를 주기 위한 의도에서 나를 향해 "아는 게 있어요?"라고 공격의 창을 날렸던 것은 아니다. 그럼에도 나는 자기중심적으로 모든 동료들이 나의 일거수일투족을 지켜본다고 잘못 생각했다. 그래서 사소하게 던진 말 한마디도 나를 겨냥한 것이라고 생각하고 과잉 반응하는 것이다. 세상이라는 극장의 조명이 자기만을 향하고 있다고 생각하는 그러한 경향이 이른바 심리학자들이 말하는 '스포트라이트 효과Spotlight Effect'이다. 실제로는 주위 사람들이 나에게 아무런 관심을 보이지 않음에도 내가 그들의 시선을 의식하면서 괴로워하는 것이다.

우리는 세상의 가장자리에 살면서도 자신이 세상의 중심이라는 생각으로 가득 차 있다. 그런 생각이 뼈까지 사무쳤던 《왕이 되려던 사나이》의 주인공은 비극적인 최후를 맞이했지만, 그래도 잠시나마 왕이 되는 행운을 누렸다. 파스칼의 거지는 구차하게 빌어먹지만, 그래도 왕이 되는 단꿈을 12시간 꿀 수가 있었다. 현대인인 우리는 자신을 왕이라고 생각하지만 실제로는 소시민처럼 살고 있다. 그러면서 왕이 아니라는 생각으로 24시간 들볶이고 있다. 현실과 생각을 착각하는 광인들은 행복하게도 생각의 스트레스를 전혀 받지 않는다. 그러나 광인이 아닌 우리들은 절대로 생각을 현실과 착각하지는 않는다. 그와 같이 착각하지 않는 대가가 불행이다. 일찍이 한 번도 왕이었던 적이 없었지만 그럼에도 우리는 자신이 폐위당한 왕이라고 생각하면서 끊임없이 괴로워한다. 생각의 악순환에서 빠져나오지 못하는 것이다.

생각의 계보학,
생각의 노동과 질병

수많은 추측과 억측이 무성하지만 정답이 없는 질문 중 하나가 생각의 탄생에 관한 것이다. 어떻게 해서 이 인간이라는 동물, "얼굴이 붉은 야수"(니체)가 생각이라는 것을 하게 되었을까? 과연 생각이 인간의 진화와 행복에 도움이 되는 것일까? 아니면 판도라의 상자에서 튀어나온 불행의 하나일까?

이러한 질문은 창조론을 믿는 사람에게 신성모독처럼 들릴 수 있다. 그러나 구약의 창조신화에도 태초의 인간 아담은 비록 신의 형상을 하고 있기는 했지만 생각이 많지는 않았다. 야훼가 무슨 일이 있어도 선악과에 손을 대지 못하도록 불호령을 내렸기 때문이다. 선악과善惡果는 옳고 그름과 시시비비를 따지는 지적 기능을 상징하고 있지 않은가. 어쩌면 타락하기 이전에 아담과 이브는 밀John Stuart Mill이 말하는 "행복한 돼지"에 가까웠을 것이다. 밀은 "배부른 돼지가 되기보다 배고픈 인간이 되는 편이 낫고, 만족해하는 바보가 되기보다 불만족스러운 소크라테스가 되는 것이 낫다"고 주장하였다. '행복밖에 난 몰라' 하던 아담과 이브는 선과 악의 지식을 알게 되는 순간 에덴동산에서 추방당하고, 굶주림과 불만족도 알게 되었다. 갈등하고 고민하며 땀 흘려 일해야 하는 세계로 진입한 것이다. 이때 타락은 "행복한 죄felix culpa"라고 하였던 성 아우구스티누스의 주장처럼 과연 다행스러운 것일까?

각론에서는 차이가 많지만 고대 희랍과 중국의 창조 설화도 원론에서는 구약과 같은 플롯을 가지고 있다. 중국의 가장 오래된 의서 《황제내경》에 따르면 태초에 인간은 소박하고 꾸밈이 없으며 자연의 이치에 따르면서 100살이 넘게 장수하였지만, 시간이 흐르면서 무절제와 타락, 기만 등의 악덕이 등장하게 되었다. 희랍의 창조신화도 마찬가지이다. 오비디우스의 《변신이야기》에서 인간의 역사는 황금에서 은, 동을 거쳐 무쇠로 악화되는 내리막길의 역사이다. 이러한 내리막길의 중턱에서 선과 악, 옳고 그름, 거짓과 진실 등을 구별하기 시작하고, 그것이 법과 제도, 공권력 등에 반영되기 시작하였다. 단순하던 사회가 한없이 복잡다단하게 변한 것이다.

이러한 창조신화의 한 가지 공통점은 복잡계Complex System의 출현이다. 사회가 한번 복잡해지기 시작하면 복잡성이 더욱더 가속화되는 경향이 있다. 약 200만 년으로 추정되는 인류 역사에서 인간이 복잡계의 내리막길을 타기 시작한 것은 극히 최근의 일이다. 기껏해야 기원전 1만 년 전에 농경이 시작되지 않았던가. 서양문명의 두 기둥이라 할 수 있는 헬레니즘과 헤브라이즘을 기록한 호메로스의 《일리아스》와 《성경》이 문자로 기록된 것은 기원전 7세기 전후에 지나지 않는다(《일리아스》 이전에도 바빌로니아인이 기원전 2,000년경 문자로 기록한 《길가메시 서사시》가 있기는 하다). 이전에는 사람에서 사람의 입을 타고 전해져 내려온 이야기였다. 이러한 문자의 출현은 생각이 복잡해지는 과정에서 결정적인 임계의 역할을 하였다. 결국 생각하는 기계, 컴퓨터까지 발명하지 않았던가.

컴퓨터의 성능과 관련해서 '무어의 법칙Moore's Law'이라는 것이 있다. 18개월마다 컴퓨터 칩의 성능이 2배로 증가한다는 것, 즉 3년마다 4배로 증가한다는 것이다. 엄청난 발전이지 않은가. 그러나 이미 무어의 법칙도 깨진 지 오래되었다. 삼성 반도체 사장이 제안한 '황의 법칙'에 따르면 메모리 용량은 1년에 2배 증가한다. 이러한 컴퓨터의 진화는 세계 최초의 컴퓨터로 알려져 있는 에니악ENIAC과 현재의 노트북을 비교해보는 것으로 충분하다. 제2차 세계대전이 끝난 직후인 1946년에 개발된 에니악은 높이가 2.5m, 길이가 24.5m, 중량이 30톤에 1만 7,000여 개의 진공관과 6,000개의 스위치가 달려 있었다. 그러나 이 거대한 컴퓨터의 성능은 손바닥만 한 노트북에 비하면 막 걸음마를 시작한 유아에도 미치지 못한다.

생각의 탄생을 말하는 자리에서 컴퓨터를 소개하는 이유는 생각의 진화를 컴퓨터만큼 잘 설명해주는 것이 없기 때문이다. 컴퓨터는 정보처리기계이다. 그리고 인터넷을 정보의 바다라고 부른다. 그만큼 처리해야 할 정보의 양이 많아진 것이다. 우리는 그냥 생각을 하는 것이 아니라 자칫하면 익사할 수도 있는 정보의 바다에서 생각을 하면서 살고 있다. 과거에 정보는 망망대해가 아니라 한 사람의 머리에 들어갈 수 있을 만큼으로, 그 양이 많지 않았다. 플라톤이나 아리스토텔레스, 공자와 같은 철학자는 '걸어 다니는 백과사전', '움직이는 도서관'이지 않았던가. 그러나 현재에는 게임이론의 창시자인 존 폰 노이만처럼 기억력이 좋은 천재도 8,000만 권의 장서를 자랑하는 미국의회도서관은 물론이고 지방의 작은 도서관의 정보도 머릿속에 다 담을 수가 없다.

처리해야 할 정보의 양이 많으면 정보를 처리하는 장치의 성능도 발달하게 마련이다. 컴퓨터의 기하급수적 발전은, 사회의 복잡해지는 정도에 비례해서 인간의 지능이 진화하는 과정을 모방한 것인지도 모른다. 다음과 같은 상황을 생각해볼 수 있다. 우리가 서울시청에서 대전까지 약 160km의 거리를 가야 한다고 하자. 현재에는 가는 방법이 셀 수 없을 정도로 너무나 많다. 우선 금방 떠오르는 것이 버스나 기차, 자가용, 자전거 등의 교통수단이다. 그런데 버스에도 고속버스가 있는가 하면 시외버스, 시내버스가 있고, 또 버스를 운영하는 회사도 다양하며 배차 시간도 제각기 다르다. 이러한 경우의 수를 조합하면 모두 몇백 개, 아니 몇천 개의 방법이 있을 것이다. 햄릿처럼 '하느냐 마느냐'의 양자택일이 아니라 이 수많은 선택지 가운데 하나를 택해야 한다. 그리고 올바른 선택을 위해서 될 수 있으면 많은 교통 정보를 가지고 있지 않으면 안 된다. 그러나 불과 19세기까지만 하더라도 우리는 선택의 문제를 가지고 고민할 필요가 없었다. 도보나 말, 두 가지 방법이 전부였다. 더구나 대부분의 평민들은 자기가 태어난 마을 밖을 벗어날 생각조차 하지 못하고 살았다. 당시 사람들이 점심으로 햄버거를 먹어야 할지 말지 고민할 필요가 없었듯이 서울에서 대전까지 가는 길도 그들이 생각할 주제가 될 수 없었다.

　뉴질랜드의 정치학자 제임스 플린이 발견한 '플린 효과Flynn Effect'라는 것이 있다. 미국 군 입대 지원자들의 IQ 검사결과를 분석했던 그는 신병들의 평균 IQ가 상승하고 있다는 사실을 발견하였다. 이와 같이 "평균 지능지수가 10년마다 최소 5점씩 꾸준히 상승하고 있다는 놀라운 현상"(매트 리들리, 《본성과 양육》, 142쪽)을 설명하는 용어가 플린 효과이다. 그렇다면 현재의 초등학생들은 나의 세대에 비해서 평균 IQ가 20점 이상 높다는 결론이 나온다. 물론 이러한 플린 효과를 액면 그대로 받아들일 수는 없을 것이다. 그러나 정보사회로 일컬어지는 현대처럼 정보가 혁명적으로 증가하는 경우에는 그러한 새로운 환경에 적응하고 생존하기 위해서 우리의 정보처리 능력이 향상된다는 것은 커다란 설득력을 가진다. 우리는 높은 IQ를 강요당하고 있는 것이다.

이와 같은 플린 효과는 생각의 탄생을 설명할 수 있는 좋은 단서를 제공한다. 인류가 걸었던 과거의 발자취에 플린 효과를 적용할 수 있는 것이다. 인류학자들의 연구에 따르면 지금으로부터 약 10~25만 년 전에 출현한 호모 사피엔스는 원래 아프리카에서 살다가, 10만 년 전에 유럽으로 건너오기 시작하였다. 그리고 3만 5,000년 전 후기구석기혁명을 거쳐, 1만 년 전에 비로소 정착하여 생활할 수 있는 농업이 발달하게 되었다. 농업의 발달은 인간의 생활에 엄청난 변화를 가져왔다. 집단의 단위가 커지면서 사유재산과 일부일처, 지배자와 피지배자의 위계 등 과거에 없었던 "사회적 체계"*가 출현한 것이었다. 이러한 복잡한 체계에 적응하며 생존하기 위해서 두뇌는 발달을 거듭하지 않으면 안 되었을 것이다. 돌을 던져 짐승을 사냥하던 구석기시대와 창과 활을 사용하던 전근대사회, 그리고 위치 추적 장치까지 달린 사냥총을 사용하는 현대사회를 비교해보라. 본능적으로 우리는 땅에 있는 돌을 집어 던질 수가 있지만 사냥총을 사용하기 위해서는 매뉴얼을 읽고 사용법을 배워야 한다. 시스템이 복잡해지면 그것을 효

---

* 루이스 멈퍼드는 이를 거대기계Megamachine라고 불렀다. 제레미 리프킨, 《공감의 시대》 참고.

율적으로 관리하기 위한 문자도 발명되지 않으면 안 된다. 인류의 조상들보다 더 많이 알고 진리를 깨닫기 위해서가 아니라 주어진 조건에서 생존하기 위해서 생각하고 기록해야 했던 것이다. 호모 하빌리스에서 호모 에렉투스, 호모 사피엔스로의 진화 과정에서도 이와 같은 무언의 사회적 압력이 작용했을 것이다.

　　마음이나 생각이라는 것은 주어진 환경의 변화에 인류가 적응하기 위해서 발달시킨 생존의 부산물이다. "뇌가 자기 자신을 이해하도록 조립된 게 아니라 생존하기 위해 조립된 하나의 기계"(에드워드 윌슨, 《통섭》, 184쪽)에 지나지 않는다. 처음에는 맹목적 생존 본능으로 충분했던 기능이 나중에는 욕망과 의식, 의지, 사유로 의식화되고 메타화되는 것이다. 내가 배고프다면 그 사실을 의식하는 것이 욕망이다. 짝짓기가 본능이라면 더 좋은 조건의 짝짓기를 원하는 것이 욕망이며, 그러한 욕망을 따르거나 거부하는 능력이 의지이고, 욕망과 의지의 작용에 대한 의식이 생각이다. 물고기나 두꺼비와 같은 하등동물은 주어진 자극에 본능적으로 반응을 한다. 그래서 가짜 미끼를 덥석 물고, 거울에 비친 지렁이를 잡아먹으려 계속 뛰어오르는 것이다. 이와 같이 상황에 본능으로 매어 있는 동물들은 상황이 급격히 변화하면 과거의 공룡처럼 전멸할 수도 있다. 그러나 전멸하는 대신에 상황으로부터 벗어나거나 극복하는 방법을 발견할 수 있다. 그러기 위해서는 주어진 조건을 먼저 의식하지 않으면 안 된다. 침팬지와 같은 유인원은 나무나 땅의 구멍 깊숙이 있어서 손이 닿지 않는 개미를 잡아먹기 위해 막대기와 같은 도구를 이용한다고 한다. 이처럼 손이 닿지 않는 곳의 개미를 먹지 않으면 생존할 수 없는 상황에서 아마도 유인원은 초기적 단계의 의식과 생각을 고안하게 되었을 것이다. 그리고 생존을 위해 처리해야 하는 정보의 양이 기하급수적으로 늘어나면서 언어와 문자 등도 발명되었을 것이다.

생각을 생각한다

위와 같이 생각의 탄생을 살펴본 이유는 간단하다. 생각이라는 것이 생존의 기능과 무관하지 않다는 것을 지적하기 위해서였다. 우리는 진리를 탐구하기 위해서 사는 것이 아니라 살기 위해서, 그것도 아름답고 의미 있게 살기 위해서 생각을 한다. 침팬지의 예를 들어 말했듯이 가장 중요한 생각의 기능은 재현representation 능력에 있다. 구멍 속의 개미를 잡기 위해 닿지도 않는 손을 계속 뻗는 대신에 그러고 있는 자기 자신과 상황을 의식의 대상으로 삼는 것이다. 주어진 상황으로부터 한 발자국 뒤로 물러나 거리를 두고서 바라보는 능력이 생각이다. 이 단계에서도

영화 〈모던 타임스〉 중에서

노동자에겐 불가능한 철학이라는 사치

'생각이란 무엇인가?'라고 묻기 위해서는 우선 그러한 질문을 할 수 있는 시간적 여유가 있어야 한다. 하루 종일 일하고 집에 돌아와 밥 먹고 잠자기에 바쁜 사람들에게 그러한 질문은 사치일 것이다. 일하지 않고도 먹고살 수 있는 귀족이나 유한계층만이 생각하고 토론하며 글을 쓸 수 있는 시간적 여유가 있었는데, 달리 말해서 일하는 노동자와 일하지 않는 엘리트로 사회가 계급화되지 않으면 철학도 탄생할 수 없었다. 나중에 루소나 톨스토이와 같은 사상가들은 일하지 않는 귀족들을 신랄하게 비판하였다. 노동자의 등골을 빼먹는다는 것이 비난의 이유였다. 만약 유럽이 정복하기 이전 신대륙의 인디언들처럼 계급이 없는 사회였다면 철학이라는 사치도 없었을 것이다.

생각은 생존과 불가분의 관계에 있다. 그런데 생각이 발전을 거듭하다 보면 생각이 자율적으로 생각을 생각하는 메타단계로 접어들게 된다. 생각이라는 도구로 먹이를 구하는 대신에 '생각이란 무엇인가?'라고 물을 수 있게 되는 것이다. 그리고 이러한 자율성이 심화되면 생각은 예술을 위한 예술처럼 생존의 기능으로부터 벗어나 생각을 위한 생각이 된다. "진화의 역사는 처음에는 어떤 기능을 위해서 선택되지만 점차 발전해서 결국에는 다른 기능을 수행하도록 선택되는 돌연변이의 부산물의 연속이다."(제레드 다이아몬드, 《어제까지의 세계》, 491쪽) 설상가상으로 생각이 오히려 건강과 행복에 방해가 될 수도 있다.

독도 잘 쓰면 약이 된다면 약도 잘못 쓰면 독이 된다. 잘못하면 생각도 삶에 독이 되는 것이다. 사유의 깊이와 넓이로 철학사를 빛낸 많은 인물들 가운데 유독 헤겔과 니체가 생각의 계보학에 관심을 가지고 있었다. 헤겔은 《정신현상학》에서, 그리고 니체는 《도덕의 계보》에서 생각의 탄생과 기능에 대한 질문을 제기하였다. 생각을 인간의 특권으로 무조건적으로 옹호하는 대신에 '왜 생각하는가?'라는 질문에 대해 대답하려 시도하였던 것이다.

헤겔의 《정신현상학》은 정신이 자기 자신을 실현하는 과정의 철학적 서술이라 할 수 있는데, 그 가운데서도 특히 유명한 주인과 노예의 변증법은 생각이 어떤 기능을 가지고 있는지를 말해준다. 헤겔의 플롯에 따르면 인간은 처음에 만인의 만인에 대한 투쟁의 야만상태에 있다. 먹고 마시고 즐기려는 욕망과 사물을 지각하는 감각적 확실성으로서의 즉자적 존재이다. 이때 욕망은 생을 유지하기 위해서 먹이를 구하고 그것을 섭취함으로써 자양분으로 삼으려는 파괴적인 본능이다. 파괴적인 이유는 사과와 같은 음식을 생각하면 쉽게 이해할 수 있다. 방금까지 바구니에 있던 사과를 내가 집어서 씹어 먹으면 ─ 파괴하면 ─ 더 이상 바구니에는 사과가 없게 된다. 반면 사과 덕분에 나는 배를 채울 수 있다. 이러한 사과와 나의 관계는 타자와 나의 관계에도 적용될 수가 있다. 우리가 처음으로 숲 속에서 낯선 사람을 만났다고 가정을 해보라. 당시 그가 나와 같은 사람이라는 것, 또 그가 적인지 동지인지도 몰랐다고 생각해보자. 그러면 굶주린 배를 채우기 위해 사과를 먹듯이 죽지 않고 살기 위해서 낯선 사람과 대판 싸움을 하게 될 것이다. 이것은 둘 중의 하나가 파괴되거나 죽지 않으면 끝나지 않을 무시무시한 싸움이다. 그런데 전세가 불리해지자 나는 죽는 것이 무서워서 그에게 투항을 했다고 하자. 투항을 해도 나를 죽일 수가 있겠지만, 헤겔의 시나리오는 그렇게 진행되지 않는다. 그는 사과처럼 나를 파괴하는 대신에 살려두기로 한다. 그렇지만 나는 전투에서 패배한 자, 죽는 것이 두려워서 생명을 구걸한 자로서 치욕스런 삶, 즉 노예의 신분으로 살아야 한다. 나는 나의 의지와 욕망, 자유를 포기하고서 그가 시키는 대로 그의 수족이 되어 살지 않으면 안 된다. 나는 내가 아니라 그의 기쁨과 쾌락을 위해 일하고 봉사하는 로봇이나 마찬가지이다. 주인은 부족한 것이 없이 즐기고 노예인 나는 고통스럽게 일을 하는 것이다. 그런데 흥미롭게도 바로 이 지점에서 주인과 노예의 관계가 전복되기 시작한다(역사적으로 반드시 그렇게 진행되지는 않는다). 주인은 그냥 욕망만 하면 되는 존재이다. 생각하고 노력하지 않더라도 노예가 알아서 그의 욕망을 다 채워주기 때문이다. 그런데 노예는 씨를 뿌리고 추수를 하는 등 주인이 원하는 것을 생산하기 위해서 머리를 싸매고 고민해야 한다. 아무 데나 씨를 뿌리고 가만히 내버려둬도 곡물이 잘 자라는 것은 아니다. 물이 부족할 수도 있으며, 땅이 바위투성이일 수도 있다. 그것을 변명하면서 주인이 원하는 음식을 제공하지 않으면 채찍을 맞거나 단칼에 목이 날아갈 수도 있다. 죽지 않고 살기 위해서는 강에서 물을 끌어오는 방법을 생각해 내야만 한다. 결국 이러한 생각의 노동을 통해서 그는 쾌락에 절은 어리석은 주인을 넘어설 수 있는 계기를 마련하게 된다. 그는 척박한 자연을 정복해서 옥토로 만들고 나무와 돌로 쾌적한 집을 지으며, 쇠를 불에 단련해서 기계를 만드는 이러한 일련의 과정을 통해 세계의 주인이 되는 것이다.

주인이 채찍과 칼을 가지고 있다면 노예는 노동력과 생각을 가지고 있다. 여기에서 역사적으로 중요한 것은 전자의 칼이 아니라 후자의 생각이다. 생각은 한편으로 자신의 불행한 처지를 깨닫게 하지만 다른 한편으로는 세계를 자기가 원하는 모습으로 변형시키는 놀라운 능력을 가지고 있다. 시행착오가 없을 수 없겠지만 노예는 생각의 작업을 통해서 궁극적으로는 스스로를 이해하고 스스로의 잠재력을 실현할 수가 있다. 그러나 헤겔도 생각의 방향이 항상 긍정적이거나 건설적이지만은 않다는 사실을 충분히 인정하였다. 고대 희랍, 노예 출신의 스토아 학파 에픽테토스에게서도 볼 수 있듯이 자신을 노예로 만든 현실을 애써 무시하면서 주관적 생각의 세계에 안주할 수도 있다. 또 자기의 뜻대로 되지 않는 세상을 원망하면서 불행한 의식에 빠지거나, 혼자서 독야청청하는 아름다운 영혼의 소유자가 될 수 있다. 그러나 이러한 단계들은 궁극적으로 생각이 자신의 진리를 실현하기 위해서 거치는 과도기, 중간 단계에 지나지 않는다. 헤겔에게 생각은 스스로가 진리임을 깨닫게 만들어 주는 탁월한 신적 능력이다.

니체의 '생각'

그러나 《도덕의 계보》에서 니체는 헤겔과 정면으로 대립하는 논리를 전개한다. 니체에게 생각은 순수한 자기실현의 동력이 아니라 원한resentment과 증오의 감정과 맞물려 있다. 주인과 노예의 변증법도 그의 손에서 귀족에 대한 사제의 원한으로 재해석이 된다. 헤겔의 주인과 마찬가지로 니체의 무사는 싸움에서는 강하고 무자비하지만 평상시에는 먹고 마시고 즐기는 생활에 탐닉한다. 아킬레우스처럼 민첩하고 건장하며 잘생긴 이들 귀족은 타인의 눈치를 보지 않고 즉각적으로 본능을 충족시키며 기분 내키는 대로 행동하고, 자신의 모든 것을 긍정한다. 반면에 사제는 이러한 귀족을 부러워하고 동경하지만 너무나 심약하고 겁이 많기 때문에 감히 귀족과 대적하지 못한다. 귀족을 추방하고 그 쾌락의 자리를 차지하고 싶어도 그럴 수 있는 힘이 없기 때문에 마음에는 무기력한 질투와 증오의 감정만이 쌓이게 된다. 이와 같이 막다른 골목에서 등장하는 것이 원한의 생각과 감정, 논리이다. 그의 모든 생각도 원한의 감정으로 삼투되어 있다. 생각이 자기합리화의 방향으로 향하는 것이다. 이솝의 신포도 우화에서 여우가 원한의 감정을 잘 대변하고 있다. 탐스럽고 먹음직스러운 포도송이가 주렁주렁 매달려 있지만 나무가 너무 높아서 아무리 발돋움을 하고 손을 뻗어도 닿지 않기 때문에 여우는 포기할 수밖에 없다. 그러나 스스로의 무능력을 인정하고 포기하기에는 너무나 아쉽고 원통하며 자존심이 상한 나머지 자신을 정당화할 수 있는 논리를 생각해 낸다. 포도가 덜 익고 떫어서 먹지 않는다고 해버리는 것이다. 이렇게 되면 무능력은 자기절제와 분별의 능력으로 바뀔 수가 있다. 사제는 자기 탐닉적인 귀족에 대해서 여우의 태도를 취한다. 먹고 마시고 즐기는 육체적이고 본능적인 모든 활동을 악으로 규정하는 것이다. 이제 그는 자기도 귀족처럼 충분히 용감하지만 그럼에도 자신이 전투에 참가하지 않는 이유는 싸움이 잔인무도하기 때문이라고 생각한다. 그리고 과거에 무능하기 때문에 충족시킬 수 없었던 육체적 욕망과 쾌락을 이제 그는 그것이 악하기 때문에 스스로 절제하는 것이라고 생각하기 시작한다. 본능을 즉각적으로 충족하는 대신 그것을 억압하고 지연하더니 나중에는 생각으로 대체하는 것이다. 만족되지 못한 배를 생각으로 대신 채우는 셈이다. 이때 생각의 역할은 헤겔의 노예와 마찬가지로 즉각적인 만족의 지연에 있다. 귀족은 배가 고프거나 마실 것이 필요하면 노예에게 명령만 내리면 된다. 그는 요리하는 방법이나 포도주를 만드는 방법을 알 필요가 없다. 그것은 노예의 몫이다. 노예는 즉각적으로 욕망을 충족시킬 수가 없다. 배고프다고 느끼는 순간에 바로 식사하는 귀족과 달리 노예는 아무리 허기가 져도 참고 견디면서 고기를 준비하고 채소를 다듬는 등 요리 방법을 생각해야 한다. 그러나 그의 생각은 헤겔의 노예처럼 긍정적이거나 건설적이지 않다. 그의 생각이 귀족에 대한 증오와 원한의 감정으로 가득 차 있기 때문이다. 그래서 그는 귀족이 먹고 마실 음식에 생각의 침을 뱉어놓는다. 정신적인 활동에 비하면 육체적·본능적인 것들은 무가치하고 악하다는 생각의 침을 뱉는 것이다.

　　니체에게 생각은 행동과 반비례의 관계를 가지고 있다. 만약 귀족이 누군가에게 모욕을 당했다면 사제처럼 마음으로 분을 달래고 삭이는 대신에 그 자리에서 즉각적으로 응수한다. '눈에는 눈, 이에는 이'로 대응하는 것이다. 이와 같이 행동으로 남김 없이 외면화/표출되기 때문에 뒤끝을 남기지 않는다. 금방 뜨겁게 달아올랐다가 금방 차가워지는 냄비처럼 행동이 완료되는 동시에 감정도 모두 소진되어 버린다. 그러나 사제는 모욕을 모욕으로 맞받아치는 대신에 그것을 내면화시킨다. 마음에 담아 두고서 상처 입은 감정을 은밀하게 꺼내어 바라보면서 복수에 대한 생각을 키우기 시작한다. 당연히 있어야 할 행동이 부재하는 자리에 생각이 들어서는 것이다. 여기에서 치명적인 것은 생각 자체가 아니라 생각이 반동적이며 부정적이고 소극적이라는 사실이다. 스스로가 자발적으로 '나는 생각한다'가 아니라 모욕의 상처에 의해서 생각을 하도록 강요당하는 것이다. 타율적으로 생각을 '당하는 것'이다. 노예가 주인의 명령에 복종하듯이 그의 생각도 모욕당한 감정에 수동적으로 복종하는 태도에서 한 치도 벗어나지 못한다. 후회와 죄책감도 그러한 생각이 치러야 하는 대가다.

헤겔과 니체의 차이는 두 오페라 속 주인공의 차이로 설명될 수 있다. 하나가 로시니의 〈세비야의 이발사〉의 피가로라면 다른 하나는 베르디의 〈리골레토〉의 광대 리골레토로, 두 주인공은 각자 알바미바 백작과 만토바 공작을 섬기고 있는 처지이다. 귀족에게 봉사하는 신분이라는 점에서는 동일하지만 두 사람의 운명은 천지 차이가 있다. 유명한 아리아 '나는 마을의 만능일꾼'을 자랑스럽게 부르며 "모든 일이든 다 내게로 가져오면 해결해주겠다"고 호언장담하는 피가로는 전형적인 헤겔의 노예이다. 알바미바가 아무 생각 없이 즐기기만 한다면 피가로는 열심히 연구하고 사유함으로써 모든 문제를 해결하는 탁월한 능력의 소유자가 된다. 피가로가 없었다면 백작은 사랑에 빠진 여인과 데이트할 방법을 몰라서 속수무책으로 난감해 하다가 그만 상사병에 걸려 제 명을 못 채우고 죽었을지도 모른다. 때문에 백작보다 신분이 낮은 그는 도시에서 자기가 가장 탁월한 기술자라고 자랑하는 것이다.* 그는 백작을 부러워하지도 않는다.

그러나 리골레토는 '이 여자나, 저 여자나'와 '여자의 마음'을 부르며 여색을 즐기는 공작을 부러워하면서 어릿광대에 불과한 자신의 처지를 비관하고 원망한다. 그는 이러한 원한의 감정에 사로잡혀 있기 때문에 생각이 철저하게 반동적이며 수동적인 상태가 된다. 나중에는 공작에게 복수하기 위해 자객을 고용하지만 정작 자객의 칼날에 쓰러지는 것은 눈에 넣어도 아프지 않은 딸 질다이다. 그녀는 사랑하는 공작의 생명을 구하기 위해 스스로의 목숨을 희생한 것이다. "아, 이 재앙!"을 외치며 이제 리골레토는 자신을 저주하고 후회와 자책감을 곱씹으며 여생을 살아야 한다.

우리는 왜 생각하는가

서두에서 제기한 생각의 탄생에 대한 질문으로 돌아가기로 하자. 진화론은 생각이 원래 인간이라는 종에게 주

---

* 근대 초기까지도 이발사는 모든 일을 잘 처리하는 만능 일꾼이었다. 칼을 능수능란하게 다루기 때문에 의사가 할 수 있는 간단한 수술도 하고 약을 처방하기도 하였다. 고대 이집트에서는 제사장과 의사가 이발사이기도 하였다. 주술적인 고대 문화에서는 신체의 일부인 머리를 자른다는 사실이 건강과 질병에 관련되었을 뿐 아니라 여러 가지 상징적인 의미를 가지고 있었다. 머리가 얼마나 중요한 의미를 가지고 있었는지는 《효경孝經》의 "신체발부 수지부모身體髮膚 受之父母"라는 말에서도 미루어 짐작할 수 있다.

오페라 〈리골레토〉 중에서

리골레토, 반동적 인간의 전형

빅토르 위고의 《왕의 환락Le Roi s'amuse》을 원작으로 한 이 오페라는 청순한 질다를 죽음에 이르게 한 귀족의 무절제한 쾌락주의를 고발하고, 리골레토의 편에 서서 서민의 무기력한 절망과 분노를 대변하려 했다. 그러나 우리 논의의 맥락에서 보면 꼽추에다가 어릿광대인 리골레토는 열등감과 질투, 증오, 원한에 사무친 인물로, 반동적 인간의 전형이다. 그는 직접적으로 '내가 옳다'고 자기를 긍정하는 대신에 '만토바 공작이 나쁘다'라는 판단에 굴절시킴으로써 '그러므로 나는 옳다'라는 자기확신을 얻는다. 반면에 공작은 원제처럼 '스스로를 즐기는 자The king amuses himself'이다. 그런데 아이러니하게 리골레토의 복수도 똑같은 반동적 굴절의 논리에 휩쓸린다. 만토바 공작을 살해하려는 자객의 칼날이 리골레토가 자기 목숨보다 더 사랑하는 딸의 심장을 향하게 되기 때문이다. 1막 2장의 유명한 아리아 '그는 살인자, 나는 혀끝으로 사람을 찌르는 익살꾼'이 말해주듯 그는 본질적으로 자조적이며 자책적인 인물이다. 공작을 직접적으로 공격하는 대신에 내가 못났다고 스스로를 자책하는 것이다.

어진 본질이 아니라 역사적 과정의 산물임을 알려 준다. 생각의 개입이 없이도 훌륭하게 기능했던 자연적·사회적 환경이 복잡해지고 정보량이 증가하면서 그것을 처리할 상위 시스템으로서 생각이 등장하게 되었다. 생각은 생존을 위해 발명된 일종의 기관인 것이다. 이 점에서 생각은 시스템에 대한 시스템으로서 메타시스템이다. 많은 인류학자들이 기록했듯이 30명 미만이 살아가는 작은 규모의 원주민 마을에서는 추장이 필요하지 않다. 그러나 개인들이 스스로 갈등을 해결하기에 인구가 너무나 많아지면 추장이라는 메타시스템이 등장하게 된다. 현대처럼 커다란 규모의 사회에서는 메타메타시스템으로서 정부와 국가가 들어서게 된다. 생각은 인간의 생존을 위한 메타시스템이다.

그런데 모든 정부 조직이 그러하듯이 메타시스템은 하위시스템을 위해서 기능을 하는 것이 아니라 '시스템을 위한 시스템', '정부를 위한 정부'로 변질되기도 한다. 마찬가지로 생존과 행복의 필요에서 진화했던 생각이 '생각을 위한 생각'으로 발전할 수 있다. 생각이 행복을 증진시키는 것이 아니라 오히려 저해하는 걸림돌, 건강한 삶의 표현이 아니라 병든 삶의 증상이 될 수 있다. 니체가 계보학적 관점에서 생각을 직업으로 삼는 사제들을 비판했던 이유는 사제들의 생각이 도착적이 되었기 때문이었다. 그들은 지상에서 행복하게 살기 위해서가 아니라 그러한 지상을 떠나기 위해서, 삶을 살찌고 건강하게 만드는 것이 아니라 야위고 병들게 만들기 위해서 생각을 사용한다. 현실을 이상으로, 이승을 저승, 현재를 미래로 대체하는 것이다. 존재하지 않는 이상이나 진리의 이름으로 삶을 심판하고 처형하는 것이다. 여기에서 중요한 것은 그러한 사제의 생각이 순수하거나 자발적이지 않다는 사실에 있다. 그들은 사랑했던 애인에게 버림받은 남자와 마찬가지로 자기를 정당화한다. 자기가 버림당했다는 사실을 용납할 수가 없기 때문에 처음부터 그녀를 사랑한 적이 없다는 생각으로 자기를 위안하는 것이다.

우리는 왜 생각하는가? 니체에 따르면 생각은 행동의 알리바이이다. 사건이 발생한 자리에 자기가 없었다는 사실이 생각을 자극하는 것이다. 이때 한번 자극된 생각은 일회적으로 종료되는 것이 아니라 꼬리에 꼬리를 물고서 더 많은 생각을 유도하기 시작한다. 그리고 생각의 시제는 현재형이 아니라 과거형이거나 미래형이다. 이런 식이다. '그놈이 나를 모욕했겠다? 그때 화를 냈어야 했어. 그런데 왜 내가 가만히 있었지? 그놈이 너무 거칠고 짐승같은 놈이라서 그랬어. 상대할 가치도 없는 놈이야. 앞으로 이런 놈을 또 만나면 어떻게 하지? 그때는 아예 상대도 하지 말아야지.' 이와 같이 당시의 사건의 현장을 끊임없이 되새김질을 하면서 자신을 변명하고 정당화한다. 분이 풀릴 때까지 생각에 생각을 거듭하지 않으면 안 되는 것이다. 그러면서 그가 두 발을 내리고 살아야 하는 현재의 시간은 과거를 회상하고 후회하며 생각하는 것으로 소모되어버린다. 피와 근육질의 삶이 회색질의 생각에게 자리를 내어주는 것이다. 그렇다면 진정한 삶은, 아예 생각할 필요를 느끼지 않고 자신을 변명하거나 정당화하지 않는 사람들, 자신을 억압하는 것이 아니라 당장 그 자리에서 자신을 표현하며 과거와 미래에게 시간을 내주지 않고 현실을 열정적으로 사는 사람들이 사는 삶일 것이다.

（5）

소시민적 생각

우리 사회를 지배하는 근본적인 정서는 소시민적 불안감이다. 한치 앞을 내다볼 수 없는 미래, 결코 낙관할 수 없는 미래에 대한 불안이 먹구름처럼 짓누르고 있다. 우리가 이미 선진국에 진입했다는 대견한 생각이 들다가도 신문을 펴거나 TV 뉴스에 귀를 기울이면 보이고 들리는 것은 불길하고 암울한 소식과 전망 들밖에 없다. 문득 길가에서 시선이 마주친 사람들의 얼굴에서도 불안이 안개처럼 자욱하게 피어오른다. 전철에서 휴대전화를 들여다보기에 여념이 없는 승객들의 표정도 마찬가지이다. 뭔가에 쫓기듯이 여유가 없다. 무표정한 얼굴을 가리기 위해서 휴대전화의 가면을 쓰고 있는 듯이 보인다. 그러나 이와 같이 우리를 감싸고 있는 대기는 엄밀한 의미에서 불안이 아니라 걱정들이다. 정체가 불분명하고 익명적이며, 심연처럼 깊은 불안이 아니다. 비 온 뒤에 길에 파인 웅덩이처럼 얕고 속이 뻔히 들여다보이며 형체가 너무나 분명한 걱정들이다. 우리는 더 이상 형이상학적인 눈을 들어 우주의 상형문자를 해독하려 하거나 죽음과 영원의 신비를 응시하려 하지 않는다. 우리의 표정에 드리워진 그림자는 신이나 무한의 햇살에 굴절된 것이 아니라 가로등과 네온사인, 자동차의 헤드라이트가 작열하는 불빛에 숨겨진 어둠이다. 취업과 승진, 대학입시, 주택마련, 결혼, 여행, 동창회 등등 먹고살기 위한 세속적인 걱정들이다.

문제는 잔걱정들이다. 풍전등화로 위기에 처한 나라를 구하는 것과 같이 큰 걱정이라면 대의명분이 있다. 대의명분을 품고 있으면 난쟁이처럼 키가 작아도 거인처럼 당당하게 보인다. 식물이라면 갈대가 아니라 떡갈나무가 될 것이다. 이러한 사람들은 잔걱정의 잔바람에 휘청이며 등이 꺾이거나 사시나무 잎사귀처럼 부르르 떨지 않는다. 자부심이 대단한 이들은 잔걱정에 속절없이 휘둘리도록 자신을 방치하지 않는다. 과거에는 귀족들은 먹고 입고 마시는 것과 같은 사소한 일상을 하인들이나 노예들에게 맡기고 자신은 왕국의 운명을 걸고 장기를 두곤 했었다. 그러나 프랑스 혁명의 칼날에 루이 16세가 스러지면서 큰 것과 작은 것의 경계도 사라져버렸다. 이제 형식적으로 큰 것과 작은 것, 공적인 것과 사적인 것을 구별할 수 없게 되었다. 양반이 아니라고 해서 양복을 입지 못하거나 넥타이를 하지 말라는 법이 없게 된 것이다. 만약 원한다면 우리는 커튼이 쳐진 방에 요강을 놓고 대변을 보면서 신하들과 정무를 논했다는 태양왕 루이 14세처럼 화장실에서, 그러나 그것과 비교할 수 없이 시설이 훌륭한 화장실에서 업무를 볼 수도 있다.

원칙적으로 누구나 대인이 될 수 있는 세상에 살고 있다. 그런데 현실은 그와 정반대이지 않은가. 대인과 소인배의 울타리가 무너지면서 전자도 후자가 되어버렸다.

상향적 평준화가 아니라 하향적 평준화가 된 것이다. 한 손가락으로 들 수 있는 가벼운 솜뭉치가 걱정과 한숨의 물이 스며들어 이제 등이 휘어질 정도로 무거워진 것이다. 소인배란 무엇인가? 잔걱정의 수렁에서 헤어나지 못하는 사람들, 사소한 것을 가지고 생각에 생각을 거듭하며 잠을 이루지 못하는 사람들, 생각의 무게에 짓눌려 등이 굽은 사람들이다.

김수영, 소시민적 정서

우리나라의 문필가 가운데 유난히 그러한 소시민적 정서를 가장 잘 보여주는 시인이 김수영이다. 〈거대한 뿌리〉나 〈풀〉의 시인 김수영이 소인배라는 말이 아니다. 분명 그는 거의 강박증적으로 소시민적인 자의식이 강한 시인이었다. 그러나 그는 그러한 자의식에 사로잡히는 대신에 그것을 끊임없이 조롱하고 풍자하며 대상화하고 작품으로 형상화함으로써 그것으로부터 심미적 거리를 유지하고 자유로워지는 방법을 찾았다. 그는 속옷에서 이를 잡아 죽이듯이 자의식의 바다에서 그러한 소인배적 요소를 솎아내어 문학의 화로에 집어던졌다. 그는 이가 피를 빨아먹고 빵빵하게 배를 불리듯이 소인배적 잡생각들이 자신의 의식을 좀먹으며 몸집을 불린다는 사실을 알고 있었다. 그러한 잡생각에 자신의 몸이 뜯어먹히고 있다는 사실을 갑자기 깨닫고 화들짝 놀라서 혼비백산하는 때도 있었다. 그러나 문학이 그를 구원하였다. 그를 잠식해 들어가는 잡생각과 근심들을 묶고 포장해서 객관화하는 형식이 문학이었기 때문이다. 그렇지만 이 글의 주제는 그와 같은 문학적 승화에 있지 않다. 시인 김수영이 아니라 시에 나타난 화자의 모습을 통해서 현대인의 소인배적 자화상을 스케치하는 데 이 글의 목적이 있다.

《어느 날 고궁을 나오면서》는 소인배의 고해성사처럼 들리는 시이다. 화자 '나'는 생각으로는 대인이지만, 정작 행동은 소인배이다. 1965년 11월에 발표된 이 시에서 그는 대인배처럼 생각하지만 행동은 소인배처럼 한다.

왜 나는 조그마한 일에만 분개하는가

저 왕궁 대신에 왕궁의 음탕 대신에

50원짜리 갈비가 기름덩어리만 나왔다고 분개하고

옹졸하게 분개하고 설렁탕집 돼지 같은 주인년한테 욕을 하고

옹졸하게 욕을 하고

한번 정정당당하게

붙잡혀간 소설가를 위해서

언론의 자유를 요구하고 월남 파병에 반대하는

자유를 이행하지 못하고

20원을 받으러 세 번째 네 번째

찾아오는 야경꾼들만 증오하고 있는가

화자는 목젖으로 올라올 만큼 불만으로 가득 차 있다. 보고 듣는 모든 것들이 마음에 들지 않는다. 그가 하는 생각은 그러한 불만의 잡음들이다. 다른 사람이라면 아무렇지도 않을 갈비나 설렁탕에 대해 유난히 그가 분개하는 이유는 정작 갈비나 설렁탕 때문이 아니다. 그는 왕궁의 권력과 음탕에 분노해야 한다고 생각하고 있다. 그러나 그것은 생각의 단계에서 한 발자국도 앞으로 나가지를 못하고 그 자리를 빙빙 돌고 있다. 왕궁과 일대일로 맞서 저항하기에는 자신이 너무나 유약하고 충분한 용기가 없다고 생각하기 때문이다. 그러나 갈비나 설렁탕이 문제의 근원이 아니듯이 그의 비겁함도 문제의 핵심에 있지 않다. 그는 진짜로 비겁한 것이 아니라 단지 자신이 비겁하다고 생각하고 있는지 모른다. 정말로 심약한 사람이라면 감히 '돼지 같은' 설렁탕집 주인년에게 욕을 할 엄두를 내지 못할 것이다. 중요한 것은, 그가 왕궁이 아니라 설렁탕집 주인에게 욕을 하고 있다는 사실이다. 하다못해 욕이라도 하지 않으면 직성이 풀리지 않는다. 다시 말해 그는 분노하는 대신에 불만을 마음속으로 삭이고 있다. 만약 설렁탕집 주인이 옆에 없다면 그러한 자기 자신을 향해서라도 욕을 해야 한다.

시의 화자는 꿩 대신 닭이라고 왕궁 대신에 설렁탕 주인에게 분노하는 자신이 "옹졸하게 반항한다"는 사실을 너무나 잘 알고 있다. 또 "야경꾼에게 20원 때문에 10원 때문에 1원 때문에" 불평하는 자신이 얼마나 우스꽝스럽고 무기력한지를 너무나 잘 알고 있다. 그러한 사실을 모를 정도로 생각이 없거나 무지하지 않다. 그는 잠에서 깨지 않은 무지몽매한 이성의 소유자가 아니라 이미 해가 중천에 떠 있을 정도로 계몽된 이성의 소유자이다. 그럼에도 그는 잠자리에서 일어나지를 않는다. 이미 의식이 깨어 있는 화자는 현실에 분노해야 한다는 사실을 잘 알고 있지만 아직 잠에서 깨지 않은 듯이, 행동을 하지 않고 생각의 꿈만 꾸고 있다.

화자는 왕에게 분노하기에는 자신이 너무나 작다는 사실을 잘 알고 있다(혹은 그렇게 생각하고 있다). 그는 자신이 먼지보다 작은 소인배라는 사실을 잘 알고 있는 것이다. 왜 먼지인가? 분노하는 것과 분노하지 않는 것의 차이가 먼지보다 작기 때문이다. 정작 분노한다고 생각을 하지만 전혀 분노의 행동을 표출하지 않기 때문이다. 바로 여기에 생각의 악순환이 있다. 분노를 표현하는 행동이 부재하기 때문에 그는 계속해서 분노의 쳇바퀴를 돌리지 않으면 안 된다. 하다못해 달린다는 생각이라도 해야 하는 것이다. 만약에 인간이 생각하는 존재라면 달린다는 생각만으로도 충분하지 않은가!

〈어느 날 고궁을 나오면서〉만큼 소시민적 자의식으로 자욱한 김수영의 또 다른 시로 〈강가에서〉가 있다.

> 저이는 나보다 여유가 있다
> 저이는 나보다도 가난하게 보이는데
> 저이는 우리 집을 찾아와서 산보를 청한다
> 강가에 가서 돌아갈 차비만 남겨놓고 술을 사준다
> 아니 돌아갈 차비까지 다 마셨나 보다
> 식구가 나보다도 일곱 식구나 더 많다는데
> 일요일이면 빼지 않고 강으로 투망을 하러 나온다고
> 한다
> 그리고 반드시 4킬로 가량을 걷는다고 한다

이 시에서 화자가 대상으로 생각하는 것은 화자보다 거대한 권력자나 궁전이 아니라 아주 평범한 남자, 화자보다 더욱 작게 보이는 평범한 인물이다. 그럼에도 〈어느 날 고궁을 나오면서〉에서 화자가 자신을 바람이나 풀보다 더욱 작게 느끼듯이 '나'는 자신보다 더욱 작은 인물 앞에서 역설적으로, 왜소해진 자신을 발견한다. 실제로 왜소해진 자신이 아니라 왜소하다고 생각되는 자신이라고 말해야 정확할 것이다. 사건의 추이는 실제 지각되는 세계가 아니라 생각의 세계에서 전개되기 때문이다. 이 시에서 화자는 이웃집 남자와 함께 강가로 산보를 나간다. 그가 자청한 것이 아니라 이웃집 남자가 청하는 바람에 따라나선 것이다. 그리고 선술집에서 이웃집 남자의 술대접까지 받는다. 그러나 그런 대접을 받는 화자의 마음은 썩 편하지 않은 듯이 보인다. 그는 산책이나 술자리를 즐기는 것이 아니라 이웃집 남자와 자신이 다르다는 자의식을 가지고 끊임없이 그를 자신과 비교하고 있다. 그러면서 뭔가 주객이 전도되었다는 생각에서 벗어나지 못한다. 이웃집 남자는 자기보다 가난한데 자기보다 부유한 듯이 행동을 하고 있기 때문이다. 여유가 있는 자기가 대접을 해야 하는데 오히려 여유가 없는 사람에게 대접을 받고 있기 때문이다.

이웃집 남자가 자기보다 여유가 있다고 부러워하는 화자는 유난히 자의식이 강한 남자이다. 또 자의식이 강한 만큼 사려분별과 생각, 특히 후회의 생각이 많은 사람이다. 돌다리도 두드리고 건널 정도로 신중한 그는 돌아갈 차비까지 남기지 않고 술을 마시는 이웃을 이해하지 못한다.

그는 나보다도 가난해 보이고
그는 나보다도 짐이 무거워 보이는데

그는 나보다도 훨씬 늙었는데

그는 나보다도 눈이 들어갔는데

그는 나보다도 여유가 있고

그는 나에게 공포를 준다

이런 사람을 보면 세상 사람들이 다 그처럼 살고 있는 것만 같다.

화자보다 훨씬 늙고 가난한 이웃집 남자는 이른바 개념이 없는 남자이다. 화자보다 훨씬 늙었으면서도 젊은 듯이, 화자보다 여유가 없으면서도 여유가 있는 듯이 행동하는, 자기 주제를 모르는 남자이다. 이웃 남자는 "초저녁에 두 번 새벽에 한 번" 아내와 섹스를 한다면서 정력을 과시한다. 그런데 정작 화자는 그러한 이웃을 부러워하는 것 같지는 않다. 또 자기 주제를 모르는 남자라고 핀잔을 주는 것 같지도 않다. 그는 옆집 남자를 생각하는 것이 아니라, 그를 바라보는 자신을 대상으로 하면서 자기 자신에 대해서 생각하고 있기 때문이다. 자의식이 강한 그의 세계의 주인공은 자기 자신이다. 이웃 남자의 존재도 자기 자신에 대해 생각하도록 만드는 자극이나 계기에 지나지 않는다. 그런데 그는 갑자기 그러한 이웃집 남자를 보고서 공포를 느끼게 된다. 세상의 모든 사람들이 이웃 남자와 같지 않은가 하는 생각으로 더욱 큰 공포를 느끼고 있다.

프란스 할스, 〈즐거운 취객〉(1628~1630)

천하태평 무념무상

김수영의 〈강가에서〉를 읽으면서, 내가 가장 좋아하는 그림 중 하나인 〈즐거운 취객〉을 떠올리는 것은 자연스러운 일이다. 할스는 한 잔 술에 세상만사 모든 근심, 걱정을 잊고 천하태평이 된 한 남자의 표정을 기막히게 표현하였다. 그가 무념무상 무장무애의 경지에 있다고 말해도 과장이 아니다. 이렇게 이것저것 이해관계를 골치 아프게 따지거나 불평하지 않고 그냥 그 순간에 자신을 놓아 버릴 수 있다는 것—하이데거는 이것을 방기防己(Gelassenheit)라고 개념화하였다. 〈강가에서〉의 소시민적 화자는 자기를 편안하게 놓아버리기에는 생각하고 따질 것이 너무나 많다. 인질처럼 생각에 붙잡혀 있는 화자의 대척점에 '즐거운 취객'이 있다.

계몽된 화자는 죽었다 깨어나도 그렇게 생각 없이, 개념 없이 막살 수가 없기 때문이다.

죽었다 깨어나도 개념 없이 막살 수가 없는 화자는 바로 그러한 이유로 이웃집 남자를 부러워한다. 그리고 그와 비교하면 자신은 가련하고 소심한 놈이라고 생각을 한다. 얼마나 자기 자신이 가련하겠는가! 왕궁에게 분노하지 못하고 설렁탕집 주인에게 대신 화풀이를 하는 쪼잔한 자신이 얼마나 가련하겠는가! 그러나 그가 100% 이웃집 남자를 부러워한다고 생각하면 오산이다. 비록 소인이 되어 가지만 그는 자신이 소인이 되어 간다는 사실을 알고 있기 때문이다. 이웃집 남자는 자기가 화자보다 더 여유 있게 행동한다는 사실을 모르고 있지 않은가. 그는 그냥 행동하는 인물, 기껏해야 세상의 조연에 지나지 않는다. 그러나 화자는 적어도 생각의 왕국에서는 주연이다. 모든 것은 자기를 중심으로, 자기를 향해 움직이고 있지 않은가. 자신이 가련하다는 자기연민의 감정은 또 얼마나 달콤한가.

삶을 당하는 삶, 소인배

그런데 〈어느 날 고궁을 나오면서〉와 〈강가에서〉의 화자를 소인배라고 말할 수 있는 것일까? 만약 그렇다면 소인배가 아닌 사람이 세상에 과연 얼마나 있을까? 이를테면 1989년에 베이징 톈안먼 광장에서 탱크를 맨몸으로 막았던 학생은 예외적인 경우가 아닐까. 어떻게 생각한 그대로 행동할 수 있을까. 아무리 쳐다봐도 꼭대기가 보이지 않는 왕궁에 단신으로 맞설 수 있는 것일까. 그것은 평범한 개인으로서는 불가능한 일이다. 그리고 톈안먼의 학생이 아니라는 이유로 소인배의 낙인을 찍는 것은 온당한 처사가 아닐 것이다. 그리고 화자의 말처럼 세상 사람들이 모두 (강가에서)의 이웃집 남자처럼 살고 있는 것은 아니다. 대부분의 사람들은 화자처럼 앞뒤를 재면서 소심한 소시민으로 살고 있다.

그러나 톈안먼의 학생처럼 대의명분을 위해 자기를 헌신하지 않는 사람이 모두 소인배로 분류될 수는 없다. 나는 현대 사회에서는 목숨을 바칠 만큼 거창한 대의명분이라는 것이 존재한다고 생각하지도 않는다. 앞서 말했듯이 거창한 것과 사소한 것의 구별은 객관적이 아니라 지극히 주관적이다. 일요일에 강으로 투망하러 나가는 남자는 그것이 세상에서 가장 중요한 일이라고 생각할 수 있다. 언론의 자유를 요구하거나 사회의 부조리에 저항하는 것이 가장 중요한 일이라고 생각할 수도 있다. 소인배인가 아닌가의 차이는 그러한 명분이나 사건 자체가 아니라 그것을 바라보는 우리의 태도와 생각에 달려 있다. 소인배와 대인을 구분하는 객관적 척도는 존재하지 않는 것이다.

그럼에도 〈어느 날 고궁을 나오면서〉와 〈강가에서〉의 화자는 소인배의 전형적인 모습을 보여 준다. 노후한 자동차가 뿜어내는 매연처럼 화자의 삶이 질식할 정도로 불평과 불만의 연기로 가득 차 있기 때문이다. 그의 생각은 의식의 잡음이며 매연이다. 그는 왕궁의 불의에 분노해야 한다고 생각하지만 마치 설렁탕집 주인에게 분노한 듯이 행동하고, 생각으로는 월남파병에 분개하지만 정작 행동에 있어서는 힘없는 야경꾼에게 분노를 터뜨리고 있다. 종로에서 뺨 맞고 한강에서 분풀이를 하는 것이다. 그러나 한강에서 분풀이를 하고 나면 이웃집 남자처럼 되어 천하태평으로 차비도 남겨놓지 않고 술에 취하지도 않는다. 그는 강자에게 당하고 약자에게 분풀이를 하는 자기 자신에 대해서 끊임없이 분노하며 노여워하고 있기 때문이다. 그가 분풀이하는 대상은 한강의 약자가 아니라 바로 자기 자신이다. 왕궁의 불의에 분노하지 못하는 자기 자신을 증오하고 미워하는 것이다. 그러나 그러한 증오와 분노는 자신의 소시민적 한계를 뚫고 나갈 정도로 강렬하거나 순수하지도 않다. 그것은 위축된 몸에 체화된 생각의 관성과 버릇, 자기 생존과 자기연민의 형식에 지나지 않는다.

무엇보다 소인배적인 것은 우리의 주인공이 능동적이거나 자발적으로 생각하고 사는 것이 아니라 수동적이고 타율적으로 생각하고 사는 태도에 있다. 생각을 하는

지형을 바꾸는 근육질의 생각

변명하지 않고 행동하는 민중과 달리 어쭙잖은 지식인은 자신을 변명하기에 급급하다. 그리고 정부와 권력을 비판하는 것을 자신의 미덕으로 안다. 그러나 민중은 그와 같이 멋부리기로 생각하지 않는다. 민중의 생각은 울퉁불퉁한 근육질이다. 그래서 생명과 자유가 위협을 받는 상황에서는 생각이 쓰나미가 된다. 그러면서 산천이 달라지고 지형이 바뀐다.

것이 아니라 생각을 당하며 사는 것이고, 삶을 사는 게 아니라 삶을 당하는 것이다. 이를테면 〈강가에서〉에서 강가로 산책을 나가자고 청하고 술을 마시자고 제안하는 것은 이웃집 남자이며, 화자는 썩 내키지는 않지만 마지못해 따라나선다. 행동의 주도권은 이웃집 남자에게 있다. 때리고 맞는 관계처럼 전자는 행동을 하고 후자는 행동을 당하는 것이다. 화자의 마음에서 연기처럼 피어오르는 생각은 이와 같이 당하는 행동에 대한 반작용이다. 이웃집 남자는 산보하고 투망하며 술에 취해서 집으로 돌아간다. 그러나 화자는 공포에 질리고 생각에 취해서 집으로 돌아간다. 자신이 소인이라는 자의식의 맷돌에 생각을 갈면서. 물론 이와 같이 옹졸한 모습의 화자가 설렁탕집 주인에게 욕을 하는 것도 자발적인 행동이 아니다. 왕궁에게 대놓고서 욕을 하지 못한 무능력의 반작용이 설렁탕집 주인에게 표출된 것이다. 그의 생각은 비존재의 반작용이며 후유증이다. 그것은 당연히 있어야 할 행동의 장소에 부재했음을 증명하는 알리바이이다.

소인배란 무엇인가? 삶을 사는 것이 아니라 삶을 당하는 사람, 생각을 하는 것이 아니라 생각을 당하는 사람이다. 생각과 삶에 구타를 당하는 것이다. 존재하기 때문에 생각을 하는 것이 아니라 존재하지 않기 때문에 생각으로 변명하는 것이다. 만약에 김수영의 화자처럼 계몽된 지성의 소유자라면 그러한 생각의 변명은 냉소주의의 가면을 쓰고서 등장한다. 이웃집 남자처럼 행동하면 쉽게 풀릴 생각의 불협화음을 우주의 혼란으로 확대해석한다.

상황의 노예, 생각의 노예

나의 오랜 친구 가운데 생각을 당하는 부류에 속하는 사람이 있다. 그 친구가 살아가는 모습을 보면 너무나 답답해서 주변에서는 종종 주먹으로 가슴을 치며 탄식하고는 한다. 식사자리든 술자리든 한 번도 그가 나서서 하자고 제안한 적이 없다. 언제나 뒷전에서 끌려다니는 편이다. 그리고 우리가 하자고 나서면 생각이 필요하다며 잠시 시간을 달라고 한다. 머리가 좋고 유능하기는 하지만 이러한 성격 때문에 직장에서도 답답하다는 소리를 많이 듣는다. 가령 이런 식이다. 새해가 되어서 직장의 상관에게 인사를 하러 가야 한다고 하자. 그가 좋아하는 상관이라면 아무런 문제가 되지 않는다. 인사를 하러 가지 않더라도 그러한 상관들은 그가 자신을 좋아한다는 사실을 잘 알고 있기 때문에 무슨 사정이 있겠거니 하면서 너그럽게 이해를 해준다. 그러나 그가 자기를 싫어한다는 사실을 알고 있는 상사의 경우는 그렇게 할 수가 없다. 깍듯이 예의를 차리지 않으면 생트집이 잡힐 수가 있다. 나라면 아무리

하기 싫어도 가장 먼저 그런 고참에게 찾아가 인사하고 마음 편하게 지낼 텐데, 그는 알고 있으면서도 마음이 내키지 않기 때문에 달력을 쳐다보면서 하루 이틀 미루며 절호의 찬스가 오기를 기다린다. 그러나 그러한 찬스는 존재하지 않는다. 그러다 보면 훌쩍 일주일이 지나서 이미 알맞은 문안 인사의 시기를 놓쳐버린 자신을 발견한다. 그렇지 않아도 자신의 처지를 원망하며 걱정과 불만이 가득하던 친구는 이제 좌불안석이 된다. 생각을 하면 할수록 세상이 공평치 못하며 자신이 너무나 억울하다고 느껴진다. 이런 직장에서 일을 하며 살 가치가 있는가 하는 비관론으로까지 생각이 발전하고, 그런 생각에 푹 절어서 불만에 가득 찬 표정으로 하루하루를 보낸다. 그러다 어느 날 복도에서 그 상사와 마주친다. 물론 상사는 그렇지 않아도 눈엣가시이던 부하 직원의 버릇을 고칠 수 있는 이 기회를 놓칠 리가 없다. 그가 지나가듯이 가볍게 한마디 던지는 것으로 충분하다. "나만 빼놓고서 다 찾아가 인사를 했다면서?" 더 이상 책망할 필요도 없다. 그렇지 않아도 심약하고 소심한 친구를 생각의 지옥으로 밀어넣는 데 이 한마디 말이면 충분하다. 그의 전 존재가 이 짧은 한마디 말에 회색으로 오염되는 것이다.

친구가 그의 상사에게 예의를 갖추지 않은 것은 아주 사소한 사건이다. 그러나 상황의 주도권을 쥐고서 행동할 기회를 놓치는 순간 이 사소한 사건은 생각의 극장에서 엄청난 우주적인 사건으로 비화된다. 그는 인사를 갈 것인가 말 것인가 햄릿처럼 망설이며 고민하지 말았어야 했다. 그렇게 고민하며 시간을 축내는 대신 몇 발자국 떨어진 상사의 사무실에 가장 먼저 찾아가서 새해 인사를 했어야 했다. 아무리 길어도 3, 4분이면 충분했을 것이다. 이것이 자발적인 행동이다. 그렇게 행동하지 않은 결과 그는 수동적인 존재가 된다. 자신의 주인이 아니라 상황의 노예가 되는 것이다. '저런 상사에게 인사를 해야 하나?'와 같은 생각의 메아리가 그의 마음을 가득 채우는 것이다. 언뜻 보면 정당하고 자발적인 판단인 듯이 들리는 이 생각은 그러나, 인사하지 않았기 때문에 반사적으로 야기된 피동적 생각에 지나지 않는다. 설상가상으로 상사의 책망 이후에 그는 사냥개의 사냥감처럼 생각의 이빨에 물어뜯기게 된다.

친구는 호미로 막을 일을 가래로 막아야 했다. 아니 가래로도 막지도 못하고 스트레스로 불면의 밤을 지새워야 했다. 생각과 근심의 고생을 사서 하는 것이다. 아주 중요한 일임에도 아무것도 아니라는 듯이 대범하게 생각하고 행동하는 사람이 대인이라면 아주 사소한 일임에도 안절부절못하면서 고민만 키우는, 생각이 너무 많은 사람이 소시민이다. 생각으로 존재의 길을 개척하는 것이 아니라 길을 폐쇄하는 것이다. 이때 생각은 행동이 걸려 넘어지는 걸림돌이 된다. 우리 사회를 먹구름처럼 짓누르고 있는 소시민적인 불안감의 정체가 그러한 생각의 잠음들이다.

생각하기가 아니라
지각하기

최근에 니드라Nidra라는 요가를 해보았다. 눈을 감은 다음에 긴장을 풀고 최대한 편안하게 누워서 사범의 지시에 따라 사지나 몸통의 각 부위로 의식을 옮겨 가는 명상법이다. 절대로 몸을 움직이면 안 된다. 의식만을 움직여야 한다. 의식을 엄지손가락으로부터 새끼손가락으로, 손목에서 어깨로, 그리고 가슴에서 발가락으로 옮겨 가는 것이다. 뚫어지게 응시하듯이 몸의 부위에 너무 의식을 집중하지도 말아야 한다. 나비가 꽃잎 위에 앉듯이 살포시 의식을 얹어놓으면 된다. 이때 중요한 것은 생각을 최대한 멀리하고 순수하게 자신의 몸만을 의식해야 한다는 것이다. 이를테면 손가락에 대해서 생각하면 안 된다. 생각하는 대신에 손가락이 되어야 한다.

자신의 몸을 의식하는 일은 쉽지 않다. 처음에 니드라 명상을 하는 사람은 손가락을 의식하는 대신에 손가락에 대해서 생각하는 경우가 대부분이다. 아니면 손가락이라고 혼잣말로 중얼거리고 있는 자신을 발견하곤 한다. 몸의 한 부분인 손가락을 의식하는 것이 아니라 손가락이라는 말을 의식하는 것이다. 손가락이라는 말과 그것이 지시하는 손가락이라는 대상의 거리는 하늘과 땅의 차이처럼 절대적이다. 여기에 쓰인 '손가락'이라는 글자에는 손가락이 없지 않은가.

전철이나 거리에서 귀에 이어폰을 꽂고 음악을 듣는

사람들이 많다. 그런 사람들을 볼 때마다 드는 의문이 있다. 이들이 과연 음악을 듣고 있는 것일까? 아니면 음악을 배경으로 깔아놓고서 딴 생각을 하고 있는 것일까? 음악은 아름답다. 악기들이 서로 어울리면서 만들어 내는 소리의 화음과 조화는 참으로 아름답다. 그러나 아름답다고 생각하는 순간에, 잡았다고 생각하는 순간에 손에서 빠져나가는 물고기처럼 정작 음악을 놓치는 경우가 많다. 아름답다는 생각이 지우개처럼 음악을 지우는 것이다.

《존재와 시간》에서 하이데거가 예로 든 유명한 망치를 한번 생각해보자. 망치질을 하는 목수는 망치에 대해서 생각을 하지 않는다. 그의 몸과 의식, 망치가 혼연일체가 되어서 자연스럽게 망치질을 할 따름이다. 그러나 망치의 목이 부러지는 순간에 목수는 그러한 주객일체의 상태에서 갑작스럽게 풀려나 그것을 망치라는 대상으로 의식하게 된다. 지금까지 하나였던 목수와 망치가 서로 다른 존재가 되는 것이다. 특히 망치질이 서투른 사람이 망치를 낯선 대상으로 분명하게 의식한다. 그리고 너무 의식하는 나머지 제대로 못질을 하지 못한다. 망치에 대해서 생각하는 사람은 제대로 망치질을 하지 못하는 것이다.

손재주가 없고 망치질이 서투른 나는 콘크리트 벽에 못을 박는 것이 얼마나 어려운지 잘 알고 있다. 속 모르는 사람은 못을 박는 것만큼 세상에 쉬운 일이 어디에 있느냐고 핀잔을 줄 수 있다. 어린아이도 쉽게 따라할 수 있는 방법이지 않은가. 그러나 망치를 잡는 악력과 힘의 세기, 각도를 정확하게 조절하는 것은 초심자로서는 보통 어려운 일이 아니다. 설상가상으로 정확한 망치질을 하기 위해 생각을 모으고 의식을 집중하면 할수록 이상하게 더욱더 엉망이 된다. 니드라 명상도 마찬가지이다. 다 차린 밥에 수저만 얹어놓는다는 말이 있다. 생각을 비우고 손가락에 의식을 얹어놓는 일만큼 쉬운 일이 세상에 어디 있느냐고 반문을 할지도 모른다. 그러나 생각을 비우는 일만큼 세상에 어려운 일이 없다.

망치를 생각하며 망치질을 하는 사람이 못질을 형편없이 하듯이 사범의 지시 사항을 생각하며 명상을 하는 사람은 최악의 명상을 하고 있다. 잠시 순간적으로 손가락만을 의식하는 일은 그리 어렵지 않다. 그러나 생각하지 않고서 지속적으로 손가락만을 의식하기 위해서는 오랜 훈련과 집중력이 필요하다. 의식은 블랙홀처럼 생각을 빨아들인다. 물질이 극단적인 수축을 일으키면 중력이 무한대가 되는 블랙홀처럼 의식도 생각을 빨아들이고 또 삼키게 된다. 물에 들어가 있으면 숨이 가빠오듯이 의식 속에 들어가 있으면 생각의 압력으로 금방 생각이 가빠진다. 니드라를 하면서 손가락만을 의식하고 있다가도 잠시 후에는 어제 있었던 사건에 대해 생각하고 있는 자신을 발견하곤 한다. 물론 생각을 하지 않으려는 노력을 한다. 그러나 그러한 노력도 생각의 산물이기 때문에 생각의 악순환에서 벗어나기가 어렵다.

음악을 듣듯이 손가락을 바라본다고 해보자. 음악은 귀로 듣지만 손가락은 눈으로 본다. 이와 같은 청각과 시각은 오감 가운데 가장 중요한 두 부분이다. 백문이 불여일견이라고, 우리는 보고서 그것이 손가락이라는 것을 안다. 이것이 시각적 지각이다. 그러나 지각의 내용과 앎이 동일하지는 않다. 눈이 본 것을 우리는 다 알지 못한다. 정작 우리가 아는 것은 구체적인 지각이 아니라 추상적인 개념이기 때문이다. 카메라는 우리가 흘낏 사물을 쳐다보듯이 찰칵 눈을 깜빡이면서 사물을 필름에 각인시킨다. 그런데 현상한 사진을 꼼꼼히 들여다보면 우리가 모르고 지나쳤던 많은 특징들이 서서히 드러나기 시작한다. 손가락을 지각하는 것과 손가락이라고 알고 있는 것은 서로 다른 차원에 속해 있는 것이다.

심리학 용어 가운데 '단순노출효과Mere Exposure Effect'라는 것이 있다. 전광석화와 같이 짧은 순간이라고 할지라도 한번 지각된 대상을 우리가 선호하는 경향이 있다는 것이다. 예를 들어 500명의 낯선 사람의 사진을 1분 동안에 슬라이드로 빨리 넘기면서 보게 되면 우리는 아무 것도 기억하지 못한다. 누가 누구인지 분간할 수 없는 것은 두말할 나위가 없다. 그런데 잠시 후에 다시 슬라이드를 보여주면 더 많이 반복되어 나타난 얼굴에 더욱 애정을 느낀다. 광고가 소비를 촉진하는 이유도 이러한 노출효과에서 찾을 수가 있다. 이것을 빌려 내가 말하고자 하는 것은, 우리가 실제로 지각한 방대한 내용에 비해 우리가 아는 것은 빙산의 일각에 지나지 않는다는 사실이다.

지각을 생각으로 대체하는 경향성에 대하여

귀에 이어폰을 꽂고서 음악을 들을 때 우리는 음악에 대해 생각하는 것일까 아니면 음악을 지각하는 것일까? 음악은 물리적인 소리로 구성되어 있다. 물리적으로는 청각기관을 자극함으로써 지각을 일으키는 주파수 대역의 파동이 소리이다. 소리는 너무 클 수도 너무 작을 수도 있으며, 듣기 좋은 화음일 수도 듣기 싫은 불협화음일 수도 있다. 음악을 들을 때 우리가 이러한 다양한 소리를 다 들을 수 있는 것일까.

아는 것은 지각하는 것이 아니다. 생각하는 것도 물론 지각하는 것이 아니다. 음악을 들으며 베토벤의 소나타라고 생각하는 순간, 혹은 처음 만나는 여자를 보고 첫사랑을 떠올리는 경우처럼, 구체적이어야 할 지각 경험이 그러한 음악의 지식으로 대체되고, 음악이 울리는 현재의 공간이 과거의 기억과 느낌으로 채워질 수 있다. '나는 지각한다'에서 지각이 순수한 현재를 향한다면 '나는 생각한다'에서 생각은 지금 여기의 현재가 아니라 추상이나 과거, 미래를 향하는 경향이 있다. 지금 듣고 있는 음악도 생각의 대상이 되면 '들었던 음악'이라는 과거형의 형식을 취하게 된다. 생각을 하면서 우리는 현재를 놓치게 되는 것이다.

니드라 요가를 통해서 내가 강조하고자 하는 것은 의식과 지각의 현재성이다. 눈을 감고 누워 엄지손가락만을 의식하고 있는 동안 나는 순수한 현재를 의식하고 있다. 그러나 이러한 현재성의 성城은 쉽게 함락될 수 있다. 생각이 물밀듯이 의식으로 밀고 들어오면 현재로부터 거리가 생기면서 내 삶의 시제는 과거나 미래로 바뀌기 시작한다. '나는 생각한다'는 언제나 '~대해서 생각한다'이며, 특히 생각의 대상이 과거의 사건과 접속되어 있는 경우가 대부분이다. 손가락에 대해 생각하면 나는 거리를 두고서 손가락을 대상으로 바라보고 있는 셈이 된다. 그러나 생각이 물러나고 의식이 손가락에 닿아 있는 동안에 나는 손가락과 일체를 이루고 있다.

우리는 지각해야 할 것을 생각으로 대체하는 경향이 있다. '월광 소나타'를 생각으로 듣고, 나무와 장미도 생각으로 보는 경향이 있다. 나무와 장미라는 개념은 보고 만질 수 있는 사물이 아니라 추상명사이다. 한 번도 장미나 국화를 본 적이 없는 사람도 인터넷으로 검색하면 장미와 국화의 차이를 금방 알 수가 있으며, 그것의 사전적 정의를 내릴 수가 있다. 정원에 직접 장미를 기르는 사람보다 장미에 대해서 더 많은 이야기를—꽃말, 전설, 우화 등등—할 수 있을지도 모른다. 지각이 없는 지식이 가능한 것이다.

영화 〈토탈 리콜〉에서는 몸으로 체험하는 여행이 아니라 컴퓨터 정보로 여행을 하는 상품이 소개된다. 이렇게 정보 여행을 한 여행객은 걸어 다니는 백과사전으로, 여행지의 뒷골목에 이르기까지 모르는 것이 없게 된다. 정보 시대를 살아가는 현대인도 〈토탈 리콜〉의 여행객과 비슷하다. 음악의 소리를 지각하는 대신 음악에 대해 생각하는 경우가 더욱 많지 않은가!

생각의 옷, 생각의 무게

우리가 일상에서 지각 위에 얼마나 많은 생각의 옷을 걸치고 있는지 한번 살펴보자. 나의 경우, 일을 하다가 피곤하면 주로 산책을 나가는데, 기분이 내키면 하루 종일 걷기도 한다. 그런데 이게 한 시간 걷는 것보다 두 시간을 걸으면 날아갈 듯이 더욱 기분이 좋아진다. 걷다 보면

존 케이지, 〈4분 33초〉

소리 없는 연주

피아니스트가 피아노 앞에 그냥 앉아만 있는 침묵의 음악 〈4분 33초〉는 우리에게 음악을 다시 생각 혹은 지각하게 한다. 음악을 순수하게 지각하는 것은 가능할까?

어느새 나를 첩첩이 에워싸던 생각들이 점차 자취를 감추기 때문이다. 산책을 나서면 처음에는 기다렸다는 듯이 온갖 생각들이 머릿속으로 달려든다. 잊고 있었던 직장 동료와 섭섭했던 일이 떠오르고, 자꾸만 당시의 현장으로 되돌아가 상황을 재구성하고 있는 나 자신을 발견한다. '앞으로 그런 상황에서는 이렇게 응수를 해야지'라고 자신에게 언질을 주기도 한다. 그런가 하면 '감히 누구에게?'라는 나르시시즘적 생각이 고개를 들기도 한다. 또 '동료가 왜 그렇게 행동했을까' 하며 궁금해하기도 한다. 그런데 이렇게 득달같이 나에게 달려들었던 생각들은 수명이 길지 않다. 짧으면 20~30분, 길면 1시간 정도 걸으면 생각들이 내 곁을 떠나게 된다. 그러면서 이제는 새로운 시선으로 먼 산과 강물, 나무, 아파트 등을 바라보게 된다. 지금까지 나와 자연 사이를 가로막고 이간질했던 생각들이 물러나면서 나는 맨 얼굴로 자연을 마주하게 되는 것이다.

생각을 내려놓으면 무념무상의 경지에 접어든다. 마라톤을 하거나 밤새 낚시를 하거나 온종일 등산을 한 사람들은 알게 모르게 이미 그러한 경지를 체험한 사람들이다. 그런 사람들은 내가 왜 '생각의 옷'이라고 표현하는지 이유를 짐작할 수 있을 것이다. 이런저런 걱정과 근심의 생각에 사로잡혀 있으면 하늘이 하늘로 보이지 않고 바람이 바람으로 느껴지지 않는다. 하늘이나 바람, 나무는 생각의 공연을 위한 무대나 소도구에 지나지 않는다. 다 알다시피 생각의 장기는 메들리 공연이다. 한번 생각을 시작하면 뱀처럼 꼬리에 꼬리를 물고서 생각이 멈추지 않는다. 생각만큼 생명력이 강한 것이 세상에 있을까. 나무와 꽃을 보고 걸으면서도 정작 생각은 과거의 망령에 사로잡혀서 과거의 상황을 더듬고 있다. 현실이 과거의 무대로 바뀌는 것이다. 물론 앞에 나무와 꽃이 있다는 것을 모르지 않는다. 그러나 알고 있지만 그것을 지각하지는 못한다. 옷깃을 나부끼게 하고 팔을 어루만지며 간지럽히는 바람의 손길을 느끼지 못하는 것이다. 바람은 피아노의 건반처럼 나를 연주하지 않는가. 광풍이 불어오면 무엇인가 뭉클하게 곰 인형 같은 것이 가슴에 덥석 안기는 느낌이 든다. 그리고 햇살은 어떠한가! 얼굴에 와 닿는 햇살의 따스한 손길을 느낄 수 있지 않은가. 그러나 생각의 옷을 입고 있으면 그러한 바람과 햇살의 감촉을 느끼지 못한다.

과거나 미래가 아니라 현재를 살기 위해서는 생각하는 대신에 지각을 해야 한다. 왜 지각이 현재일 수밖에 없는가? 지각은 외부의 자극을 수용하는 감각기관이기 때문이다. 무엇보다도 몸은 영원한 현재형이다. 그러나 생각은 신경세포를 거쳐서 전달된 감각적 정보를 처리하는, 이를테면 '사후처리장치'와도 같다. 추상화와 단순화, 분류, 위계가 생각의 장기이다. 생각은 간접화되고 추상화된 지각

오귀스트 로댕, 〈지옥의 문〉

지옥의 고통에 잠기는 순간

로댕의 〈지옥의 문〉 상단에는 이 생각하는 사람이 지옥에서 고통으로 악다구니 아우성을 치는 인간 군상을 바라보며 생각에 잠겨 있다. 이 지옥의 입구에는 다음과 같이 쓰여 있다 — "이곳에 들어오는 너희는 모든 희망을 버릴지어다." 끔찍하지 않은가! 생각에 잠기는 순간은 희망이 없는 지옥의 고통에 잠기는 순간이다.

이다. 생각은 지각보다 한발 늦게, 언제나 상황이 종료된 다음에 등장한다. 그런데 굴러온 돌이 박힌 돌을 밀어내듯이 뒤늦게 도착한 생각이 몸의 지각을 완전히 잠식해버릴 수가 있다. 외부로 향한 창문의 커튼을 내리고 감각기관을 내부로 돌려놓을 수 있기 때문이다. 그러면서 나무와 꽃과 같은 사물들은 나무와 꽃이라는 개념의 질서로 바뀐다.

세상을 향해 내 몸을 열어놓지 않으면 지각이 불가능하다. 문을 걸어 잠그고 골방에 칩거하는 사람은 지각하는 사람이 아니라 생각하는 사람이다. 도스토옙스키의 《지하생활자의 수기》의 주인공처럼 퀴퀴하게 생각의 곰팡이가 스는 사람이다. 방해받지 않고 생각의 쳇바퀴를 돌리기 원한다면 문을 열어놓는 것이 지극히 위험하다. 마지못해 관청에서 생계를 위해 일해야 했던 8등관 주인공은 먼 친척으로부터 혼자 살기에 충분한 유산을 물려받는 순간에 사표를 제출하고서 비좁은 집에 칩거해버린다. "나는 예전에는 이 방에 살았으나 이제는 이곳에 틀어박히고 말았다." 그는 몸이 아파도 치료를 받지 않는다. 아픈 몸을 대상으로 곰곰이 생각하며 시간을 보낼 수 있기 때문이다. 늙고 무식하며 심술궂은 하녀도 내보내지 않는다. 그녀에 대해 불평할 수가 있기 때문이다.

지각과 의식은 떼어놓을 수 없는 관계에 있다. 그러나 자의식은 지각과 공존이 불가능하다. 장미를 의식하는 대신에 장미를 의식하고 있는 자신을 의식하는 것이 자의식이기 때문이다. 밖을 향해 열린 의식의 눈을 180도 안으로 돌려놓은 의식의 형태가 자의식으로, 이 자의식이라는 극장에서 주인공은 언제나 일인칭 자아이다. '나는 생각하는/보는/듣는 나를 생각한다.' 도스토옙스키의 8등관 주인공은 술집에서 자신을 무시한 장교에게 복수를 다짐하지만 정작 그가 생각하는 대상은 장교가 아니라 그에게 복수하는 자신의 모습이다. 그러고는 복수를 했다는 생각으로 복수의 행위를 대체해버린다. 일단 자의식의 수렁에 빠지면 거기에서 헤어나지 못하는 것이다.

일단 자의식의 비탈에 놓이면 생각은 구르면서 눈덩이처럼 커진다. 그러한 사람은 결코 장미를 지각할 수가 없다. 장미를 보는 것이 아니라 장미를 보는 나를 생각하고 있기 때문이다. 나의 욕망에 사로잡혀 있는 것이다. 예를 들어, 장미를 보면서 장미처럼 아름다운 여자와 데이트하는 자신의 모습을 상상하게 된다. 그러면서 현재 여자친구도 없는 자신의 불행이 새삼 가시처럼 눈에 밟히고, 장미처럼 아름다운 여자와 결혼해 행복하게 잘사는 친구를 부러워하는 생각이 들면서 마음에 슬픔의 눈물이 고이기 시작한다. 유유상종이라는 말이 있다. 우울한 생각은 즐거운 기억이 아니라 어두운 기억의 이미지를 떠올리게 하기 마련이다. 녹슨 기억의 지하 창고에서 우울한 선율의 기억을 건져 올리면서 더욱 우울한 분위기에 젖어드는 것이다. 이때 즐겁고 기쁘며 빛나는 것들은 그의 정서에 대한 반역처럼 느껴진다.

이와 같이 자의식이 자기 자신을 구심점으로 지향하는 생각을 부추긴다면 지각은 구심적이 아니라 원심적이다. 생각이 세계를 자기의 것으로 끌어들여 동화시킨다면 지각은 세계에 자신의 몸을 내어준다. 불어오는 바람에 몸을 맡기지 않으면 어떻게 바람을 느끼겠는가. 바람이 우리의 촉각과 청각에 호소한다면 흔들리는 나뭇잎은 시각을, 장미향은 후각과 미각을 자극한다. 세계를 지각하는 기관이 온몸에 분포되어 있는 것이다. 생각이 중앙집권적이라면 지각은 지방분권적인 것이다. 자아의 과잉이나 비대증이 아니라, 자아가 온몸으로 분산되어 있다고 말할 수 있다.

지각을 통해서 우리는 생각의 나르시시즘에서 벗어날 수가 있다. 생각을 '나'가 한다면 지각은 '그것'이 한다. 그리고 생각의 공간에서는 나와 타자가 칼로 자른 듯이 분명하게 구분되어 있다면 지각의 지평에서는 나와 타자가 경계를 접하고 있다. 우리는 행복한 순간에 이러한 주객합일의 경지에 이르게 된다. 산책할 때를 생각해보라. 계속해서 걷다 보면 처음에 떠올랐던 생각들이 잦아들고 나중에는 '나'까지도 실종되어버린다. 걷다 보면 내가 걷는 것이 아니라 나와 무관하게 그냥 다리가 걷고 있다는 느낌에 잠기게 된다. 딱히 목적지가 있어서가 아니라 그냥 길이 있어서 걷는 것이다. 처음에 이해관계에서 출발했던 연인들이 나중에는 사랑하게 되듯이. 앞서 김수영의 시를 빌려 이야기했던 소시민들이 경험하지 못하는 정서가 이러한 무념무상의 경지, '내'가 실종되는 지점에서의 지각이다.

생각 중독에서
벗어나기

현대사회를 중독사회라고 부르기도 한다. 그만큼 뭔가에 중독되어 있지 않으면 몹시 허전해서 견디기 어려워하는 사람들이 많다는 이야기이다. 과거에 가장 흔했던 것이 마약중독이나 알코올중독, 일중독이었다면 인터넷이 보급된 이후로 포르노중독, 인터넷중독, 게임중독, 스마트폰중독과 같은 새로운 중독이 등장하기 시작했다.

중독의 가장 큰 특징은 의존증으로, 술이나 마약을 지나치게 자주 복용하면 그것 없이 몸이 제대로 기능을 하지 못하는 병적 상태가 된다. 가령 금단현상이 시작되면 손이 떨리기도 하고 극심한 초조와 불안감, 무기력에 사로잡혀 일상을 유지하기 어렵게 되기도 한다. 그런데 우리가 술이나 인터넷, 일과 같은 물리적 대상이나 활동에만 중독되는 것은 아니다. 국어사전에 따르면 "어떤 사상이나 사물에 젖어버려 정상적으로 사물을 판단할 수 없는 상태"도 중독으로 정의한다. 생각에도 중독될 수 있는 것이다.

알코올중독 검사 문항을 중독이 된 사람의 예로 생각해보기로 하자. "당신은 스트레스를 받거나 누군가와 다투었거나 우울할 때 술을 많이 마시게 됩니까?" 이 질문에 대해서 무수히 많은 대답이 가능할 것이다. 술을 마시는 대신에 커피숍에서 친구를 만나 고민을 털어놓거나 영화를 보거나 산책을 하거나 맛있는 음식을 먹는 등 스트레스에 대한 대처법이 매우 다양할 수가 있다. a라는 자극에 대해서 c나 d, e, f, g 등의 반응이 가능한 것이다. 그런데 알코올중독에 걸린 사람이라면 a라는 상황이 발생하는 순간에 거의 강박적으로 술을 떠올리게 된다. 술을 마시지 않으면 스트레스를 해소할 수 없어서 잠을 이루지 못하거나 다음 날에도 일에 지장이 있다는 등의 불안감에 사로잡히고, 이론적으로 수많은 선택이 가능함에도 불구하고 실제적으로는 술병을 움켜쥐게 된다. 그의 생각은 합선된 회로처럼 한곳으로만 흐르는 것이다.

　　중독을 연구하는 두뇌신경학자들은 환자의 두뇌 변화에 주목한다. 알코올과 같은 중독성 물질은 뇌에서 신경전달물질의 하나인 도파민의 분비를 촉진시킨다. 널리 알려져 있듯이 '천연마약'으로도 불리는 도파민은 스트레스를 해소하고 쾌감을 느끼게 하는 신경전달물질이다. 그런데 여기에서 문제는, 알코올에 중독된 사람의 뇌에서는 그의 의지나 생각과 무관하게 지속적이고 강력하게 쾌감을 요구하는 화학적 변화가 일어난다는 사실이다. 그래서 설령 그가 원치 않아도 알코올에 대한 두뇌의 요구에 굴복할 수밖에 없다. 주인의 명령에 복종하는 노예처럼 싫어도 따를 수밖에 없는 것이다. 이처럼 중독자와 알코올의 관계가 전복되어 있다. 알코올을 원하는 것은 그가 아니다. 알코올이 그를 원하는 것이다. 그가 알코올을 생각하는 것이 아니라 알코올에 의해 생각을 당하는 것이다.

그럼에도 불구하고 알코올이나 인터넷중독에 걸린 사람들은 자기가 능동적으로 행동한다고 생각한다. 자기가 자신의 주인이라는 생각을 떨치지 못하는 것이다. 이러한 이유로 병원에 가서 치료를 받을 생각도 하지 않는다. 그리고 언제나 이렇게 생각을 한다. 독하게 마음만 먹으면 언제라도 술(인터넷, 담배)을 끊을 수 있지만 아직은 그렇게 할 만큼 심각하지는 않다고. 술을 마시거나 마시지 않고는 전적으로 자기의 의지에 달려 있다는 것이다. 만약 친구가 왜 금주를 약속했으면서 오늘 또 마시냐고 추궁을 하면 그럴 수밖에 없는 사정을 주절주절 이야기할 것이다. 날씨가 너무나 우울하거나 세상 돌아가는 꼴이 너무 엉망이기 때문에 정상적인 사람이라면 술을 마시지 않고는 견딜 수 없다고. 이런 식으로 그는 자기의 중독 행위를 합리화하는 수많은 논리를 가지고 있다. 자신은 아무런 문제가 없는 것이다. 술을 마시게 하는 세상이 문제다.

중독자가 아니더라도 우리에게는 자신의 의지나 생각을 과대평가하는 경향이 있다. '정신일도하사불성'이라는 말도 있다. 호랑이에게 물려 가도 정신만 차리면 죽지 않는다거나 정신을 가다듬으면 바위도 뚫는다는 속담도 있다. 모든 것이 우리가 생각하기에 달려 있다는 것이다. 그러나 아무리 노력을 해도 생각만으로 바위를 뚫을 수는 없다. 생각이 온전한 사람이라면 염력으로 바위를 뚫으려

노력하는 대신 바위를 비켜 가야 한다. 진리는 생각의 과대평가와 정반대의 지점에 있는 듯이 보인다. 술을 너무나 많이 마시면 뇌의 기능에 장애가 생겨서 생각도 알코올에 취하게 된다. 몸만 취하는 것이 아니다. 생각하고 판단하는 이성도 불쾌하게 술에 취하는 것이다. 그래서 술 취한 사람처럼 생각하고 술 취한 사람처럼 말을 하게 된다. "내가 마음만 먹으면"으로 시작하는 자기확신은 일종의 술 취한 생각이라고 할 수 있다.

생각은 몸의 하녀

자유롭게 생각을 한다고 생각하지만 대부분 우리의 생각은 자유롭지 않다. 옳게 생각하기 위해서 생각하는 것이 아니라 생명을 유지하기 위해서 생각하기 때문이다. 알코올중독자는 술을 마실 생각만 하는 반면에 일중독자는 일에 대한 생각만 한다. 게를 똑바로 기어가게 할 수는 없듯이 알코올중독자를 일중독자처럼 생각하게 만들 수는 없다. 게가 자기의 몸에 맞게 구멍을 파듯이 우리는 자기의 욕망과 행복에 도움이 되는 생각을 한다. 그런데 게와 달리 사람은 자신을 불행의 수렁에 밀어 넣으면서도 그것이 행복을 위하는 길이라고 생각할 수가 있다. 혹은 자기에게 도움이 되는 길이 무엇인지 알면서도 실제에 있어서는 모르는 듯이 행동을 할 수가 있다. 그만큼 자신의 생각에 속기 쉬운 존재가 인간이다.

지금까지 생각을 과대평가해보지 않은 사람은 아마도 없을 것이다. '소망적 사유'라는 용어도 있지만 '나는 생각한다'로 시작하는 생각을 하다 보면 세상이 내 손에 있는 것 같은 생각이 든다. 유아의 인지발달 과정을 연구했던 피아제에 의하면 유아는 자기중심적인 경향이 강하다. 유아는 하늘과 태양, 나무도 다 자기를 위해서 존재한다고 생각하고, 자기가 아프면 온 우주도 아프다고 느낀다. 나중에 어느 정도 성장을 해야만 자기 이외에 타인의 존재를 이해하고, 자기의 기분과 무관하게 독자적으로 존재하는 객관적 세계도 깨닫게 된다. 그럼에도 불구하고 생각으로 세계를 바꿀 수 있다는 무의식적인 믿음은 어른이 되어서도 완전히 자취를 감추지 않는다. 이것이 '인지적 자기중심주의Cognitive Egocentrism'이다.

자기중심주의적 생각은 자유의지를 과대평가하고 외부 세계를 과소평가한다. 자기가 세상의 주인이라고 생각하는 것이다. 일상적인 예를 하나 들어보자. 어머니가 게임 그만하고 숙제를 하라고 닦달하면 철수는 10분만 더 하고 공부를 하겠다고 다짐을 한다. 그의 마음은 확실하다. 앞으로 정확히 10분 후에 자리에서 일어나는 것이다. 충분히 그럴 수 있다고 생각을 한다. 이때 그가 계산에 넣지 않은 변수가 하나 있다. 10분 후의 철수는 이미 10분 전의 철수가 아니라는 사실이다. 그는 10분 후에도 자기는 똑같은 자기라고 생각하겠지만 사태의 추이는 그것이 아니라는 사실을 보여준다. 10분 동안 많은 일이 일어날 수 있다. 게임에 너무나 몰두한 나머지 어머니와의 약속을 잊어버릴 수도 있으며, 상대를 이길 수 있는 결정적 순간에 그 10분이 되면 현재의 게임만 끝나면 공부를 할 것이라고 목표를 재조정할 수가 있다. 그러다가 오후 내내 게임을 할 수도 있다. 20분을 더 하든, 2시간을 더 하든 이미 어머니와의 약속을 지키지 못했기 때문에 결과는 똑같다고 스스로를 정당화하면서. 이때 철수가 자기의 생각을 과대평가하였다는 것은 분명하다. 게임이 더욱 신나고 흥미진진해지면 약속한 시간에 일어날 수 없음에도 불구하고 자기가 그럴 수 있는 능력이 있다는 듯이 자기를 생각하였기 때문이다. 만약에 그가 그럴 능력이 없다고 생각했다면 10분을 더 달라고 말하지도 않았을 것이다.

원칙적으로 중심은 변하지 않아야 한다. 만약 철수가 생각의 중심이며 주인이라면 상황의 변화에도 불구하고 똑같은 철수로 남아 있어야 했다. 그러나 실제에서 그는 게임에 영향을 주는 주인이 아니라 영향을 받는 수동적 관계에 있었다. 상한 음식을 먹으면 배탈이 나듯이 10분의 게임이 그의 존재를 바꿔 놓은 것이다. 공부를 하려고 생각하던 철수가 게임을 계속하려는 철수로 바뀌지 않았던가. 그는 상황의 주인이 아니라 하인이었다.

생각은 우리의 주인이 아니라 몸의 하녀라고 말해야 옳다. 한 잔만 마셔야지라고 생각하면서 한 잔의 맥주로 끝내는 사람은 많지 않다. 처음의 생각은 맥주를 마시기 전의 생각, 알코올이 온몸을 휘젓고 신경을 교란시키기 전의 생각 1이다. 그러나 맥주를 마시면 알코올이 간에서 아세트알데히드로, 또 그것이 아세트산으로 바뀌는 변화가 일어난다. 이러한 생화학적 변화가 생각 1에 가해지면 생각 2로 되는 것이다. 이러한 변화를 잘 보여주는 작품으로 존 그리샴의 《유언장》이 있다. 네이트는 49세의 유능한 변호사이지만 두 번 이혼을 했으며 알코올중독으로 네 번의 재활 치료를 받은 경험이 있다. 과거의 생활을 홀가분하게 정리한 그는 이제 술은 입에도 대지 않는다. 그럼에도 스트레스의 압력이 너무나 커지면 술에 기대고 싶은 유혹을 끊임없이 느낀다. 다음 인용되는 구절은 그가 크리스마스 때 호텔에 머물면서 술의 유혹에 굴복하는 모습을 그린 것이다.

냉장고에는 맥주가 네 캔 있었다. 네이트는 그것을 한 시간 안에 몽땅 마셔버렸다. 한 캔을 마실 때마다 절대 이것으로 추락하는 일은 없을 거라고 다짐하면서.

'절대 망가지지 않을 거야. 나는 상황을 통제하고 있어. 조금 전에 죽음을 희롱하고 왔는데, 크리스마스를 잠깐 즐긴다고 해서 뭐가 문제겠어. 아무도 알지 못할 텐데. 내가 알아서 통제할 수 있어.'(존 그리샴, 《유언장》, 161쪽)

'몇 잔쯤이야 어떨까. 조금만 마시고 그만둘 건데.'(같은 책, 248쪽)

네이트는 맥주를 그냥 벌컥벌컥 마시지는 않는다. 우선 그것을 합리화하는 생각으로 준비 작업을 한 다음에 마시기 시작한다. 여기에 사용되는 전형적인 논리가 "한 잔쯤이야 어떨까. 조금만 마시고 그만둘 건데"이다. 이 말은 틀린 말이 아니다. 한 잔만 마시고 그만둘 수도 있다. 절대로 과음을 하지 않는 다른 사람이 이렇게 생각했다면 정말로 한 잔 이상을 마시지 않았을 것이다. 그러나 네이트는 어떤 사람인가. 한 잔을 마시면 그것으로 해갈되는 것이 아니라 마시고 싶은 욕망이 더욱 커지는 사람이다. 그는 자신이 상황을 잘 통제할 수 있다고 생각하고 있지만 그것은 어디까지나 술을 한 방울도 입에 대지 않았을 때의 상황이다. 술을 입에 털어넣는 순간 더 이상 상황을 통제할 수 없게 되는 것이다. 그럼에도 맥주를 마시기 위해서는 "조금만 마시고 그만둘 수 있다"는 식으로 변명을 하고 있는 것이다. 그리샴의 설명에 따르면 "이것은 그가 애용하는 거짓말이었다. 그는 그저 술주정뱅이일 뿐이었다".

만약에 네이트가 자신이 술의 주인이 아니라 노예라고 생각했다면 아마 한 잔도 입에 대지 않았을 것이다. 한 잔으로 끝나지 않을 것이기 때문이었다. 한 잔은 두 잔을 부르고 두 잔은 세 잔을 부를 것이었다. 그는 술을 자제할 수 있는 사람이 아니었다. 그럼에도 그는 알코올을 마시고 싶은 욕심에 올바른 판단의 입을 틀어막았다. "좋다는 것을 알지만 나쁜 것을 따른다Video meliora proboque, deteriora sequor라는 격언이 있다.* 이 격언은 지식과 욕망의 균열, 앎과 욕망의 분열을 가리킨다. 소크라테스라면 이와 같이 유혹에 쉽게 무너지는 지혜를 진정한 지혜라고 생각하지 않았을 것이다. 네이트는 자신의 의지를 너무 과대평가하지 않았어야 했다.

자유의지와 생각을 과신하면 불가능을 가능으로 착각하게 된다. 마음만 먹으면 불가능한 일이 없다고 자신을 설득하게 되는 것이다. 과거에 스토아철학자들과 중세의 수도승들이 자신의 자유 의지를 실험하기 위해 일부러 자신을 유혹에 노출하기도 하였다. 금주하려는 자신의 결심

---

* 이 문장은 오비디우스가 말한 것이다. 스피노자도 《윤리학》4권 정리 17에서 이러한 역설에 대해 언급하였다.

이 얼마나 대단한지 만천하에 증명하기 위해 일부러 친구와 약속의 장소를 술집으로 고르는 식으로 말이다. 그리고 친구에 대한 예의상 건배의 첫 잔은 마셔준다는 식으로 계획을 수정할 수도 있다. 그러나 술집에서 술의 유혹에 무너지지 않기 위해서는 찻집에 있는 것보다 10배 이상의 노력을 기울여야 한다. 한 잔으로 끝내는 것은 아예 첫 잔도 입에 대지 않는 것보다 100배 이상의 노력을 필요로 한다. 현명한 사람이라면 자신을 과신하지 않는 것이다.

유혹이 되는 상황에 놓여 있으면 우리는 햄릿처럼 "할 것인가? 말 것인가?"를 자문하며 고민에 고민을 거듭해야 한다. 생길 수 있는 최악의 경우를 상상함으로써 유혹의 손길을 뿌리쳐야 하는 것이다. 그러나 그러한 유혹을 생각의 저울에 올려놓고서 저울질하는 사람은 이미 중립적이지 않다. 생각은 욕망의 하수인이다. 하지 않겠다고 생각을 하면 할수록 그런 욕망으로부터 멀어지는 것이 아니라 자기도 모르게 욕망의 세력으로 오염되어버린다. 더구나 생각은 욕망을 우회적으로 충족하는 방법이기도 하다. "술을 마시지 말아야지!"라는 생각은 분명 부정적 언명이다. "술? 아니다"이다. 그러나 프로이트가 강조하였듯이 욕망의 논리에는 부정이 없다. "술? 아니다"가 욕망의 귀에는 술? 좋다"로 들린다. 술이라는 단어가 떨어지기 무섭게 이미 욕망의 발동이 걸리는 것이다. 그리고 "No"를

138

연발하며 저항하던 생각은 어느새 "Yes"와 타협하기 시작한다.

어떤 철학자는 중요한 결단이 필요한 순간에는 종이를 장점과 단점의 칸으로 나누고서 여기에 생각나는 모든 장단점을 다 적고 나서 장점이 많은 쪽을 선택했다고 한다. 그러나 이러한 심사숙고와 사려분별은 일상의 사소한 선택과 결정에 도움이 되지 않는다는 것을 누구나 잘 알고 있다. 네이트가 장단점을 몰라서 불리한 쪽으로 선택했던 것은 아니었다. "좋다는 것을 알지만 나쁜 것을 따른다"라는 경구를 다시 상기해도 좋을 것이다. 문제는 생각이 사태를 더욱 악화시킨다는 데에 있다. 눈덩이처럼 불어나는 생각은 자신을 과대평가하는 경향이 있기 때문이다.

물질적 기억

대부분 우리의 일상은 생각이 없이, 생각할 필요 없이 이루어진다. 숨 쉬는 것은 두말할 나위도 없고 보고 듣고 일어나 걷거나 앉고, 밥을 먹거나 음료수를 마시고 하는 활동에도 생각이 뒤따르지 않는다. 앞에서 예로 들었던 망치질도 그러하다. 생각을 하면 오히려 자연스런 행동의 흐름이 덜컥 끊기면서 못 대신에 손가락에 망치질을 할 수도 있다. 이때 우리는 매번 생각하고 결정을 하는 것이 아니라 자동인형처럼 몸이 저절로 알아서 움직인다. 생각의 양이 최소화되는 반면에 몸의 습관적인 활동이 최대화되는 것이다. 가장 많은 생각의 노력이 요구되는 듯이 보이는 대화도 사실은 흐르는 물처럼 저절로 행해지곤 한다. 상대와 호흡이 잘 맞으면 내가 생각해서 의식적으로 말을 하는 것이 아니라 도미노처럼 상대의 말에 자극되어 나의 말이 저절로 이끌려 나오는 듯이 느껴진다.

의식적으로 생각해야 하는 말들이 입에서 저절로 나오는 이유는 습관화와 상황에서 찾을 수 있다. 거리에서 만난 친구가 "잘 지냈어?" 하고 물으면 우리는 자동응답장치처럼 "물론이지. 너는?"이라고 대답을 한다. "커피 한잔 할까?"라고 물으면 또 다시 "그럼 어디가 좋을까?"라고 저절로 반응을 하게 마련이다. 그러나 한국말이 서투른 외국사람이라면 이와 같이 간단한 질문에 대해서도 일일이 따지며 생각을 해야 한다. 자기가 알고 있는 표현의 목록을 마음에 떠올리면서 가장 적합한 것을 의식적으로 선택해야 한다. 그러다가 결정적인 순간에 엉뚱한 대답을 내놓을 수도 있다. 아무튼 이러한 대화의 상황에서 말의 주체는 내가 아니라 대화의 상대에 있다고 할 수 있다.

생각하지 않고도 올바르게 행동하는 데 습관화만큼 결정적인 것이 상황, 혹은 맥락이다. 똑같은 맥주라고 할지라도 호텔의 냉장고에 들어 있는 맥주와 강의실의 교탁

'그것이 기억한다'

"… 눈도 없고 코도 없고 입도 없는 이 거미는 오로지 기호에 대해서만 응답한다. 그리고 미소한 기호들은 거미에게로 침투해 들어간다."(질 들뢰즈, 《프루스트와 기호들》)

들뢰즈는 '거미-되기devenir-araignée'라는 개념을 통해, 프루스트가 넓게 펼쳐진 그물망에서 사랑과 광기의 기호들을 감지하는 데 탁월한 능력을 지녔음을 이야기했다. 《잃어버린 시간을 찾아서》에서 프루스트가 마들렌을 홍차에 찍어서 입에 넣은 순간은 고고지성을 지르며 물질적 기억이 탄생하고 세계 담론의 역사가 바뀌는 순간이었다. '내가 기억한다'가 아니라 '그것이 기억한다' 혹은 '몸이 기억한다'는 진리의 서광이 비쳐왔기 때문이다.

위에 놓인 맥주는 전혀 다른 반응을 야기하게 된다. 호텔에서 맥주를 보면 마시고 싶은 생각이 나겠지만 교탁 위의 맥주는 지적인 호기심을 자아낸다. 교수가 맥주를 가져온 의도가 궁금해지는 것이다. 이때 우리 생각의 원인은 내가 아니라 상황에 있다. 기억도 마찬가지이다. 아무리 노력해도 생각나지 않던 사건이나 어휘를 그것과 연관이 되었던 특정한 장소에 가면 거짓말처럼 선명하게 기억에 떠오르는 경험을 해보지 않은 사람은 없을 것이다. 예를 들어 고향에 가면 옛날에 함께 뛰놀았던 고향 친구들의 생각이 난다. 마르셀 프루스트의 《잃어버린 시간을 찾아서》의 마들렌이 그러하지 않았던가. 주인공 마르셀이 케이크를 입에 넣은 순간에 당시까지 까마득하게 잊고 있었던 과거의 추억들이 영화의 한 장면처럼 생생하게 기억에 떠오르는 것이다. 기억이 '나'라는 주체가 아니라 케이크에 있었던 것이다. 이것이 물질적 기억이다.

생각이 나를 한다

글을 쓰는 것과 같은 지적인 활동도 의식적인 생각으로 이루어지지 않는다. 어떻게 내가 생각을 하도록 생각할 수가 있겠는가? 프루스트의 마들렌과 마찬가지로 나는 내 생각의 원인이 될 수 없다. 만약 학생에게 글쓰기 과제를 낸다면 내가 학생이 특정 주제에 대해서 생각하도록 만든 원인이 될 수 있을지 모른다. 그러나 내가 내 생각의 주인이 될 수 없듯이 학생도 자기 생각의 원인이 될 수 없다. 의식적으로 노력하지 않아도 친구와의 대화가 유창하게 흘러가듯 내가 글을 쓰는 것이 아니라 동어반복적이지만, 글이 글을 쓰고 있는 듯이 보인다. 과거에 컴퓨터가 등장하기 전에 나는 연필을 손에 들지 않으면 아무것도 쓸 생각이 떠오르지 않았다. 지금은 키보드에 손을 올려놓지 않으면 생각이 글로 흐르지를 않는다. 물론 내가 있는 상황에 따라서 글의 스타일도 달라진다. 똑같은 노트북도 연구실에 있을 때는 커피숍에 있을 때와 다른 생각을 자극하는 것이다.

그렇다면 생각을 내가 하는 것이 아니라 생각이 나를 한다고 말해야 옳다. 컴퓨터나 과자, 친구가 나의 몸에서 생각이 튀어나오도록 만드는 것이다. 초보라 할지라도 선배를 따라서 목공일을 계속하다 보면 어느새 자기도 모르게 목수의 몸을 갖추고, 목수처럼 생각을 하게 된다. 피아니스트도 피아노와 더불어 조율되고 습관화된 몸을 가지고 있다. 건반을 보지 않더라도 손가락이 저절로 알아서 음악을 연주하고 있는 것이다. 목수는 목수의 손을, 피아니스트는 피아니스트의 손을 가지고 있다. 생각도 손으로 하는 일과 무관하지 않다. 건반 위에 손을 얹었듯이 생각도 피아노를 치는 손가락에 사뿐히 얹혀 있는 것이다.

자기가 생각의 주인이라고 생각하면 할수록 우리는 자기 생각과 몸으로부터 더욱 소외된다. 자기가 생각의 주인이라고 생각하고 자신을 과신하는 사람들이 중독에 가장 취약할 수가 있다. 게임을 10분 즐긴 후의 상황을 통제할 수가 없음에도 불구하고, 또 10분 후에 철수는 10분 전의 자신이 아님에도 불구하고 그러한 듯이 생각하고 행동하기 때문이다. 그리고 어느 순간에도 마음만 먹으면 못할 일이 없다고 생각하기 때문이다.

현대가 중독사회라고 하는데 생각도 중독이 된다는 중요한 사실이 간과되는 경향이 있다. 중독의 가장 심각한 증상은 내 몸이 더 이상 내 몸이 아니게 된다는 데 있다. 술을 마시지 않으면 덜덜 손이 떨리고 일에 집중을 하지 못하게 된다. 독성물질에 중독이 되면 몸이 굳고 차가워지며 피부도 변색하기 시작한다. 생각도 마찬가지로 중독되면 그와 같이 변하고 경화된다. 그럼에도 중독자는 자기가 여전히 자유롭게 생각하고 자유롭게 판단한다는 생각에서 벗어나지를 못한다. 이것이 생각에 대한 뿌리 깊은 오해이다. 우리는 당연히 생각은 물질이 아니라고 믿고 있다. 물질은 자연의 법칙에 복종해야 하지만 생각은 그러한 법칙에 구속받지 않고 자유롭다고 믿는 것이다. 분명 그러한 믿음이 터무니없지는 않다. 가령 연필은 부피와 질량이 있어서 저울에 달아볼 수 있으며, 두 조각으로 자를 수도 있지만 연필에 대한 생각은 그럴 수가 없다. 생각에는 형체도 무게도 없지 않은가. 말랑말랑하던 진흙을 가지고 강아지를 만들어 선반에 올려놓으면 잠시 후에 굳어서 딱딱해진다. 그러나 강아지에 대한 생각도 굳어서 단단해진다고 말할 수 없지 않은가? 아니다. 강아지라는 개념은 굳어서 딱딱해지지 않지만 강아지에 대한 나의 생각, 즉 좋고 싫어하는 나의 생각은 망치를 가지고도 깨뜨릴 수 없을 정도로 한 방향으로 굳을 수 있다. 하늘이 두 쪽이 나도 원수를 증오하는 마음은 바뀌지 않을 수 있다. 굳은 강아지 찰흙을 가지고 주물러서 호랑이로 다시 만들려고 하면 찰흙이 산산이 부스러진다. 내가 죽지 않으면 원수에 대한 증오가 사라질 수 없는 것이다. 중독이 바로 그와 같이 경화된 생각, 몸으로 체화되고 물질화된 생각이지 않은가. 생각도 예외가 아니다. 생각도 몸처럼 자연법칙의 지배를 받는다.

　　자연법칙에서 자유롭지 않은 생각은 무엇보다도 에너지보존법칙의 지배를 받는다. 네이트가 냉장고에 있는 맥주를 본 장면을 다시 생각해보자. 맥주가 시야에 들어오는 순간 미각적인 충동이 자극되면서 생각의 연쇄반응이 일어나게 된다. 생각하지 않으려는 노력을 가지고 생각을 멈추는 것은 불가능하다. 생각하지 않으려는 생각도 생각이 자기를 증식하고 팽창하려는 우회적인 방법의 하나이기 때문이다. 멈춰 있는 공은 계속 같은 자리에 머무는 반면에 일단 외부에서 힘이 주어져서 구르기 시작하면 힘이 다할 때까지 계속 구르게 된다. 이때 공이 땅의 저항을 받지 않고 에너지가 소모되지 않는다면 영원히 구르게 될 것이다. 또 내리막길을 구르면 멈추는 대신에 가속이 붙을 것이다. 생각도 예외가 아니다. 욕망의 내리막길을 구르기 시작하면 생각도 눈덩이처럼 부피가 커지고 나중에는 눈사태로 발전할 수도 있다. 네이트는 생각의 눈사태에 압도되지 않았던가.

한번 생각이 자극되어 에너지가 다할 때까지 멈추지 않는다면 네이트처럼 한 잔이면 괜찮겠지라는 생각으로 생각에 먹이를 던져 주지 말아야 한다. '한 잔이면 괜찮은' 생각은 존재하지 않는다. 한 잔을 마시면 그때는 괜찮지 않은 생각으로 바뀌어 있기 때문이다. 10분만 야동을 본다고 하자. 그러나 10분이 지나도 야동은 잔상으로 남아서 눈앞에 아른거린다. 그리고 야동의 에너지가 소멸될 때까지 세상이 야동처럼 보인다.

그렇다면 생각한다는 사실 자체가 이미 하나의 증상이다. 야동을 보지 않아야 한다는 생각 자체가, 술을 마시지 않아야 한다는 생각 자체가 하나의 증상이다. 이미 우리가 야동과 술에 사로잡혀 있다는 증거이기 때문이다. 아무리 자유로운 사람도 생각이 자유롭지는 않다. 생각으로 생각을 극복하거나 물리칠 수가 없다. 이열치열이라는 격언은 생각에 적용되지 않는다. "사랑의 신이 쏜 화살은 아킬레우스의 창처럼 그 화살 안에 상처를 치료할 수 있는 약을 지니고 있다"(라클로, 《위험한 관계》)고 하지만, 생각으로 상처를 긁으면 동티만 나게 만든다. 자유로운 사람은 생각의 자유를 과신하지 않는 사람이다. 생각의 계보학에서 말했듯이 생각은 자기중심적이고 반동적이며 행동의 부재에 대한 변명으로 일관하는 경향이 있기 때문이다. 자유로운 사람은 생각하지 않도록 습관화된 몸을 가진 사람이다.

나가며   삶을 사랑하는 자, 단순하라!

이 책에서 나는, 생각은 백해무익하다고 주장하려는 것은 아니다. 생각은 그 자체로서 유익하지도 해롭지도 않다. 그것은 인간이 진화하는 과정에서 생겨난 생존의 부산물이며 도구이다. 자동차와 마찬가지로 생각을 활용하기에 따라서 유익할 수도, 해로울 수도 있다. 그럼에도 '생각하는 동물'로서 현대인은 생각을 과대평가하는 경향이 있다. 내가 이 책에서 생각의 부정적 측면을 강조한 이유는 이러한 세태와 무관하지 않다.

인간이 만물의 영장이며 생각하는 동물이라는 말에 너무 우쭐해하지 말자. 만물의 영장이라고 해서 우리의 생각이, 먹고 마시고 교미하기에 바쁜 동물들과 달리 뭔가 고귀하고 초월적이라고 생각하면 안 된다. 알고 보면 우리의 생각도 먹고살기 위해 노력하는 과정에서 생겨난 돌연변이이다. 자연에도 독버섯이 있듯이 생각에도 좋은 생각과 백해무익한 생각도 있다. 그런데 생각이 너무나 많아지면 삶이 생각으로 대체되고, 또 그러다가 생각의 홍수에 빠져 익사할 수도 있다. 니체에 따르면 생각은 능동적 작용이 아니라 수동적인 반작용에 가까우며, 무기력한 원한의 감정에 의해서 야기된다. 싸움에서 이긴 사람은 가뿐한 마음으로 잠을 잘 수 있지만 진 사람은 잠을 못 이루고 설치면서 당시의 상황을 반복적으로 생각하게 된다. 수동적으로 행동을 당한 사람이 사건이 종료된 후에도 생각의 되새김질을 거듭하는 것이다. 그러한 생각의 무게를 견디지 못하고 허리가 꺾일 수도 있다.

우리는 살기 위해서 생각을 한다. 그것도 다른 사람이 아니라 자신의 행복한 삶을 위해서 생각을 한다. 언제나 중심에는 자아가 있기 때문에 생각은 자기중심적이 된다. 생각은 세계의 중심에 자아를 놓고서 세계를 재구성하는 작업이다. 현실에서는 조연에 불과한 우리들이 생각의 극장에서는 주연으로서 현실의 상황을 재상연하는 것이다. 현실의 논리에서 나는 조연이다(신이 아니라면 세상에 주역이 어디에 있는가?). 그렇지만 생각의 무대에서 나는 감독이면서 주연배우이다.

소나무가 바위의 틈으로 뿌리를 내리듯이 생각은 현실과의 괴리를 본질로 한다. 현실을 대상화하고 주제화하는 것이 생각이기 때문이다. 그리고 이러한 괴리에서 불행한 의식이 싹트게 된다. 왜 내가 주연이 아니라 조연에 불과한 것일까? 왜 내가 그때 보다 멋있고 당당하게 행동하지 못했을까? 더 잘할 수 있었는데 못했다는 자의식의 메아리가 울려 퍼지는 것이다. 이러한 메아리가 마음의 벽에 계속 부딪히면서 후회와 자책, 죄책감, 원한, 질투 등의 반향을 일으키게 된다.

이러한 생각은 소망적 사유와 맞닿아 있다. 당연히 있어야 할 행동의 부재, 당연히 있어야 할 현실의 부재가 생각을 부채질하는 것이다. 생각은 있어야 할 현실의 알리바이이다. 있는 것을 생각하는 대신에 없는 것을 생각하는 것이다.

그렇다면 생각에 대한 대안이 있는가? 어찌 보면 이 질문은 어리석을 뿐 아니라 불가능한 질문이다. 우리는 생각을 하지 않을 도리가 없으며, 생각은 인간의 본질이기 때문이다. 그러나 내가 이 책에서 비판의 대상으로 삼았던 것이 자기중심적인 잡생각, 반동적 생각이라는 점을 염두에 두면 대안이 가능하다. 나는 현실에서 미끄러지는 생각이 아니라 현실의 있음과 접촉면을 넓히는 지각知覺이 현대인이 추구해야 할 길이라고 생각한다. 없음에 대한 사유가 아니라 있음의 지각으로 시선을 돌려야 하는 것이다.

자아를 왕으로 삼는 중앙집권적 생각과 달리 지각은 지방분권적이다. 지각은 나로 환원되지 않는다. 그리고 타자를 자기의 영토로 전유하려는 폐쇄적인 생각과 달리 지각은 타자에게 자신의 열린 감각을 내맡긴다. 생각의 홀笏을 내려놓고 하늘과 나무, 바람을 지각하는 순간에 우리는 자아의 악순환에서 벗어날 수가 있다.

물론 자아의 악순환에서 벗어나는 생각, 생각의 불협음이 아니라 생각의 화음도 가능하다. 우리가 이전의 경험이나 사건을 자아의 관점에서 재구성함으로써 상황의 주인공으로 군림할 수도 있지만, 반대로 우리가 조연으로 참가하는 삶의 연극을 멀찌감치 거리를 두고서 지켜보는 관객이 될 수도 있다. 미학적인 거리를 유지하면서 나를 관조하는 것이다. 그럼으로써 우리는 세상이 내 웰빙을 위해 존재해야 한다는 소망적 사유의 덫에서 벗어날 수 있다.

왜 우리는 자신이 아름답고 부유하며 행복해야 한다는 강박관념에서 벗어나지 못하는 것일까? 왜 원한의 맷돌을 돌리는 생각의 잠음에 시달려야 하는 것일까? 실화를 소재로 한 트루먼 커포티의 《인 콜드 블러드》의 주인공인 두 살인자는 이웃이 땅을 사면 배가 아픈 부류의 청년들이다. "다른 사람들이 행복하거나 만족한 모습을 보면" 화가 나고 "그들을 상처입히고 싶은 욕망"이 널뛰기를 하는 것이다. 그들의 질투와 화는 소시민처럼 복수의 생각을 되새김질하는 것으로 자위하기에는 너무나 크다. 그래서 살인의 생각을 행동으로 옮긴다. 타인은 행복한데 자기는 불행하다는 상대적 박탈감이 살인의 원인이 된 것이다.

행동의 부재 속에서 독버섯처럼 자라는 생각을 화끈한 행동의 칼로 잘라 버릴 수 있다. 그러나 《인 콜드 블러드》의 살인자의 행동은 자유롭고 자발적인 행동이 아니라 타율적인 행동, 타인의 행복에 대한 질투와 선망에 의해 자극된 반동적 행동이었다. 그래서 행동이 부재하는 경우와 마찬가지로 끊임없이 자신의 행동을 정당화하고 변명해야 한다.

반동적인 생각에 꼬리가 잡히지 않기 위해서는 있는 그대로의 현실을 과감하게 긍정해야 한다. 없는 것(과거와 미래)을 생각하는 것이 아니라 있는 것(현실)을 감각적으로 즐기는 것이다. 삶의 축을 부재로부터 실존으로 옮겨놓아야 한다. 몸이 있음, 하늘이 있음, 나무가 있음, 동료가 있음…. 그래야만 생각은 삶의 부재에 대한 변명의 '반복옹알이Reduplicated Babbling'이기를 중단한다.

지각하라! 생각하지 말고 지각하라! 현대인이 잃어버린 중요한 기능의 하나가 지각이다. 우리는 지각을 생각, 육화된 구체적 경험을 추상적 경험(정보나 지식)으로 대체하는 경향이 있다. 산책을 하면서도 햇살과 바람, 나무를 지각하는 대신에 다른 것들을 생각하고 있지 않은가. 정작 귀로 음악을 들으면서도 머리로는 딴 생각을 하고 있지 않은가. 순수하게 현재를 현재로 경험하는 능력을 점차 상실해가고 있는 것이다. 이처럼 경험의 지평으로부터 현재가 물러나는 순간에 과거와 미래에 대한 걱정과 근심이 의식을 점령하게 된다.

과거와 미래에 대한 근심과 걱정이 곧 스트레스이다. 그런데 절대로 과거나 미래로 물러날 수 없는 영원한 현재가 우리의 몸이지 않은가. 그러한 생각 스트레스에 시달리는 동안에 우리는 영원한 현재인 몸으로부터 소외되어 있다. 나와 가장 가까운 것이 몸인데도 불구하고 천 리 너머에 있는 것처럼 멀리 느끼는 것이다. 그래서 생각이 기생충처럼 내 몸을 파먹어 들어가도 그것을 알지 못한다.

생각에 좀먹히지 않도록 현재를 살아야 하지 않겠는가! 그렇다면 어떻게 생각의 침입을 막을 것인가? 생각은 게릴라처럼 쥐도 새도 모르게 침투해서 나를 장악하고 의식을 점령해버리지 않는가. 아무리 철조망을 야무지게 세워놓고 감시와 경계를 철저하게 해도 잘 훈련된 한 명의 간첩이 침투하는 것을 막기 어렵다. 나의 능력을 과신하는 것만큼 어리석은 것은 없다. 이때 가장 좋은 방법은 게릴라의 은신처를 없애버리는 것이다. 고민해야 할 생각거리를 아예 없애버리는 것이다.

과거에 나는 사는 게 참 어렵다고 생각했다. 다른 사람들과 만수산 드렁칡처럼 얽히고설켜 있는 사회적 관계가 참으로 피곤한 것이었다. 비사교적인 나의 성격이 한몫 가세했을 것이다. 사람들과 만나서 표정을 읽고 눈치를 보고 의중을 헤아려야 하는 일이 부담스러웠다. 인간관계는

털옷의 실밥과 같아서 약간만 잡아당겨도 걷잡을 수 없이 악화되어 버린다. 관계의 실이 풀리기 전에 다잡아서 꿰매도 상처 자국이 흉하게 남는다.

어떻게 사람들 속에서 유유자적하면서 편하고 즐겁게 살 수 있을까?라는 질문을 가지고 고민도 많이 했다. 그러나 지금은 그러한 질문을 가지고 고민할 때가 없다고 말해도 과언이 아니다. 머리가 복잡하게 고민할 시간이 있으면 그 원인을 찾아서 제거하라고 친구들에게도 말하곤 한다. 생각을 거듭하며 고민을 하다 보면 나중에는 생각의 테두리에 꼼짝없이 갇히게 마련이다.

이달 말까지 내가 싫어하는 사람을 만나서 계약을 체결해야 한다고 가정해보자. 과거의 나라면 그를 만나기가 싫어서 차일피일 미루다가 시한이 임박해서야, 변 사또를 만나러 가는 춘향이처럼 억지로 만나곤 하였다. 싫은 사람을 만나야 한다는 생각으로 한 달 내내 스트레스를 받는 것이다. 얼마나 어리석었던가. 지금의 나라면 싫은 사람을 가장 먼저 만난다. 그렇게 하면 싫은 사람을 생각하며 마음으로 부대낄 이유가 깨끗이 제거된다. 싫은 일을 먼저 해치워 버리면 그것에 대해 더 이상 생각할 필요가 없게 된다.

하기 싫은 일을 품 안에 안고 있으면 부정적인 생각이 독버섯처럼 자란다. 처음에는 조금 싫었던 도토리에 생각의 거름과 물을 주고 햇빛을 쐬어주면 나중에는 아름드리 참나무로 자란다. 참나무는 온종일 도끼로 찍어도 쓰러지지 않는다. 설령 쓰러져도 내가 다칠 수가 있다.

나는 과거에 싫고 귀찮은 일을 회피했기 때문에 마음의 밑바닥에는 근심과 걱정의 쓰레기가 쌓여 있었다. 사소한 자극도 마음의 평화를 뒤흔드는 계기가 되었다. 그러면 마음이 휘청 흔들리면서 침전되었던 앙금들이 일시에 들고 일어나 아우성을 치는 것이었다. 음악을 듣거나 길을 걸어도 그런 생각의 입자들이 매연처럼 뿌옇게 시야를 가리곤 했다. 음악의 선율이 아니라 아우성치는 입자의 소음을 듣는 것이었다.

이처럼 세상과 나 사이에는 두터운 생각의 장막이 드리워져 있었다. 내가 보고 듣는 사건들도 거기에 굴절되고 변형되게 마련이었다. 몸이 아니라 생각으로 세상을 경험했던 것이다. 인간은 생각하는 존재가 아닌가!

그러나 지금은 거의 생각을 하지 않는다. 음악을 들을 때는 물론이고 산책을 하면서도 생각을 하지 않는다. 과거에 생각으로 뚜껑을 막아놓았던 오감을 활짝 열어놓고서 그냥 걸을 따름이다. 그러다가 어떤 일이 갑자기 내 의식으로 치고 들어오면 나는 살갗에 느껴지는 바람결에, 얼굴에 내리꽂히는 햇살에 집중을 한다. 그러면 나의 어깨를 건드렸던 생각이 사람을 잘못 알아봤다는 듯이 죄송하다며 서둘러 나의 곁을 떠난다.

나는 생각이 많은 사람은 삶을 잘못 살고 있는 것이라고 생각한다. 후회가 되거나 죄책감이 생길 일을 하지 않으면 발걸음에 생각의 그림자가 달라붙지를 않는다. 대부분 생각은 자기변명이지 않은가. 생각은 거짓말의 논리와 같이 작동한다. 거짓말하는 사람이 그것을 숨기기 위해 더 많은 거짓말을 지어내야 하듯이 생각도 과거의 생각을 만회하기 위해 더 많은 생각을 해야 한다. 그러다 보면 현재가 과거에 파묻혀버린다.

나는 이제 더 이상 과거의 사건을 생각의 무대에서 재상연하지 않는다. 과거의 유령들이 현재 나의 공간을 가득 채우도록 방치하지 않는 것이다. 잘못한 일이 없는 사람이 세상 어디에 있겠는가. 그러나 당시에는 그럴 수밖에 없지 않았던가. 게가 옆으로 걷듯이 당시에 나는 반듯하게 걸을 수가 없지 않았던가. 후회한다는 것은 월권행위이다. 당시에 내가 게였음에도 불구하고 마치 그러지 않았던 듯이 생각하기 때문이다.

다시 말하지만 생각이 많다는 것은 잘못 사는 것이다. 그리고 생각으로 생각을 치료할 수 있다는 생각만큼 어리석은 생각도 없다. 그냥 어깨에서 짐을 내려놓듯이 생각을 내려놓으면 된다. 그때 생각에 가려서 보이지 않고 들리지 않던 것들이 비로소 보이고 들리기 시작한다.

셰익스피어도 생각이 많은 사람은 잘못 사는 사람이

라고 말하였다. 《줄리어스 시저》에서 언제나 골똘히 생각에 잠겨 있는 인물이 시저의 암살을 지휘했던 카시어스이다. 시저는 언제나 생각에 잠겨 있는 그의 얼굴이 마음에 들지 않았다. 시저의 인물평을 들어보자.

> 내 주위엔 살찐 사람들만 있으면 좋겠어. 밤에 잠도 잘 자는 사람들만 있으면 좋겠어. 저 카시어스는 빼빼하고 굶주린 상이야. 생각이 너무 많은 사람 같아. 그처럼 깡마르고 생각 많은 자는 위험해.(《줄리어스 시저》 1막 2장)

생각이 인간이 진화하는 과정에서 생겨난 생존의 도구라는 사실을 다시 상기하는 것으로 끝을 맺겠다. 모든 도구와 마찬가지로 생각도 그 자체로는 옳지도 그르지도 않다. 위험한 맹수들로부터 자신을 보호하고 먹거리를 구하기 위해서 생각은 인간에게 필수불가결한 도구가 되었다. 그런데 과거에 귀했던 소금이 근대 이후에 대량생산되면서 우리가 너무 많은 염분을 섭취하게 되었듯 전통사회에서 생각할 필요도 없었던 사소한 것들에 대해서 현대인은 너무 많이 생각하는 습관에 젖어 있다. 소금의 과다섭취가 고혈압이나 심근경색과 같은 질병을 유발하듯이 너무 많은 생각은 스트레스와 불행의 원인이 된다. 우리는 너무 많은 정보와 너무 많은 생각의 소음에 스트레스를 앓고 있다. 아름답고 행복한 삶은 복잡하고 생각이 많은 삶이 아니라 지극히 단순한 삶이다. 단순성은 삶을 사랑하는 사람들의 특권이다.

> 그렇게 사랑이 시작되었다. 청년은 행복했고 정신을 잃을 정도로 어리둥절했다.… 사랑의 미덕 중 가장 새로운 것은 아주 단순한 존재가 될 수 있다는 점이었는데, 형은 그때 자신이 평생 그렇게 단순하게 살 수 있을 것이라 생각했다.(이탈로 칼비노, 《나무 위의 남작》, 225쪽)

인명과 개념 설명

혜겔Georg Wilhelm Friedrich Hegel (1770~1831)의 《정신현상학》
그리고 주인과 노예의 변증법

칸트의 초월적 관념론은 후대의 철학자들에게 영감을
고취시키는 동시에 해결해야 할 숙제를 안겨주었다.
물자체物自體(Das Ding an sich)의 문제가 그러한 과제였다.
피히테는 주관적 관념론으로, 셸링은 객관적 관념론을
가지고 칸트의 문제를 해결하려 하였다. 혜겔은 변증법적
방법론의 기반 위에서 절대적 관념론으로 독일 근대 철학을
완성하였다는 평가를 받는다. "이성적인 것만이 현실적일 수
있으며, 현실적인 것은 반드시 이성적이어야 한다"는 명제가
그의 철학을 압축하고 있다고 볼 수 있다. 그의 《정신현상학》은
어떻게 이성이 현실에서 자기 자신을 인식하고 실현하는가의
과정을 변증법적으로 서술한 저서이다. 특히 유명한 '주인과
노예의 변증법'은 그와 같이 이성이 자기 자신을 실현하는
단계의 하나를 매우 극적으로 서술하였다. 혜겔에 따르면
최초의 원시인들은 숲에서 갑작스레 마주친 낯선 타자가
자기와 똑같은 사람이라는 사실을 알지 못하였다. 그래서 두
원시인 사이에 싸움이 일어나게 된다. 이때 승자는 주인으로서
군림하지만 패자는 노예의 신분으로 주인을 섬겨야 하는
비참한 처지에 놓이게 된다. 그렇지만 이것으로 주인과 노예의

관계가 끝나는 것은 아니다. 주인이 놀고먹으며 즐기는 동안에 노예는 땀 흘려 일하면서 자연을 정복하고 사물의 이치를 깨우치며 지식을 쌓기 때문이다. 노예가 주인보다 더욱 주인다운 단계가 오는 것이다. 이와 같이 패권을 놓고서 양자가 엎치락뒤치락하면서 경합을 벌이는 것을 인정투쟁이라고도 한다. 양자가 인간으로 인정을 받기 위해서 싸움을 벌이기 때문이다. 헤겔에게 주인과 노예의 신분의 차이가 해소되는 계기는 프랑스 혁명이었다. 헤겔은 나폴레옹이 이성적인 것을 현실적인 것으로 만드는 위대한 인물이라고 보았다.

니체Friedrich Wilhelm Nietzsche (1844~1990)의 《도덕의 계보학》
그리고 원한감정

푸코는 니체를 읽고서 이렇게 말했다고 한다. "데카르트,
칸트, 헤겔, 후설 등 대학의 유서 깊은 전통에 따라 훈련받은
사람이라면, 니체의 《즐거운 학문》이 얼마나 특이하고 재치
있으며 우아한 텍스트인지 알게 될 것이다. 그때 당신은
말할 것이다. 나는 나의 동료나 교수들이 하는 짓을 더 이상
하지 않겠다고." 많은 사람들에게 니체는 "신은 죽었다"라는
경구로만 알려진 철학자인지 모른다. 그러나 푸코는 니체가
과거의 전통적인 철학을 거부하면서 망치로 철학하는
철학자라는 사실을 중시하였다. 철학은 지식이나 진리의
탐구가 아니라 다이너마이트처럼 우리의 편견을 폭파하고
우리의 삶을 변화시키는 힘(권력)인 것이다. 니체의 《도덕의
계보》에서 영감을 받은 푸코는 자신의 철학을 계보학이라고
이름하였다.

니체의 저서 가운데 《차라투스트라는 이렇게 말했다》와
더불어서 가장 유명하고 대중적인 책이 《도덕의 계보》이다.
그는 이 책에서 기독교적 도덕의 전복을 꾀하였다. 기독교가
공식적인 세계관으로 자리를 잡기 전에 유럽은 전투적인

영웅을 칭송하는 서사시적 세계였다. 호메로스의 《일리아스》의 최고의 주인공은 힘이 세고 발이 빠르며 칼과 활을 잘 다루고 빼어난 몸매를 가진 미남 아킬레스였다. 그는 불같은 성질을 가지고 있었으며, 적에 대해서는 한없이 잔인하였다. 그런데 이와 같이 용맹무쌍하고 건장한 영웅들과 극히 대조되는 인물들도 있었다. 허약하고 창백하며 겁이 많고 칼 대신에 펜을 들고 있는 사제들이 그러한 사람들이었다. 나중에 출현한 기독교는 그러한 사제들의 윤리를 훌륭하게 대변하는 종교로서, 니체에 따르면 사제들은 영웅들과 비교하면 너무나 초라하고 왜소한 자신을 발견하고는 열등감에 사로잡혔다. 그러나 어떻게 스스로가 찌질이라는 사실을 인정하고 평생 열등감을 안고 살 수가 있겠는가. 그러한 열등감을 해소하는 것이 원한감정이다. 그들은 자신의 불행의 원인이 영웅에 있다고 생각하며, 원한이 사무친 나머지 어떻게 해서든 그들을 깎아내리고 비하하지 않으면 직성이 풀리지 않는다. 니체는 그러한 원한감정에서 도덕의 근원을 찾았다. 사제는 도덕의 이름으로 영웅을 단죄하고 기존의 가치를 전복시키는 것이다. "그래 너희들은 잔인하다. 그러므로 부도덕하다." "전쟁은 도덕적으로 올바르지 않다. 기도를 해야 한다." "야만인처럼 먹고 마시고 즐기면 안 된다. 단식하고 고행을 해야 한다."

이렇게 함으로써 영웅들의 능동적 가치(하라)는 수동적 가치(하지 말아라)로 바뀌게 된다. 이제 가장 이상적인 인물은 아킬레우스가 아니라 예수나 수도승과 같은 인물이 된다. 우리가 도덕적으로 훌륭하게 생각하는 자기절제나 연민, 사랑, 박애정신과 같은 미덕의 기원으로 거슬러 올라가면 사제들의 원한감정이 도사리고 있다고 할 수 있다. 이와 같이 니체는 도덕의 기원을 원한감정으로 해석함으로써 기독교적 가치의 전복을 꾀한 것이다.

보다 일반적으로 설명하면 원한감정은 이웃이 잘되는 것을 보고서 배 아파하는 감정이다. 사촌이 땅을 사면 배가 아프다는 속담이 있지 않은가. 여기에서 우리는 원한감정과 분노를 혼동하면 안 된다. 원한감정이 삐치거나 짜증을 내는 소극적인 감정이라면 분노는 폭풍우처럼 한꺼번에 몰아치는 강렬한 감정이다. 분노는 봇물처럼 일시에 표출이 되고 언제 그랬냐는 듯이 말끔하게 사라진다면, 원한감정은 밖으로 표출하는 대신에 마음에 끌어안고 독버섯처럼 자라는 지속적인 감정이다.

빅토르 위고Victor-Marie Hugo (1802~1885)와 주세페
베르디Giuseppe Fortunino Francesco Verdi (1813~1901)
그리고 〈리골레토〉

오페라에 문외한인 독자들도 〈리골레토〉에 대해서는 한두
번쯤 들어봤을 것이다. 〈리골레토〉는 오페라에 처음 입문하는
초심자에게 가장 적합한 작품으로 평가를 받을 뿐 아니라,
〈아이다〉와 〈라트라비아타〉와 더불어 세계에서 가장 많이
공연되는 작품의 하나이다. 설혹 이 제목을 들어 보지
못했더라도 '여자의 마음'이라는 유명한 아리아는 아마 많이
들어 봤을 것이다(여러 훌륭한 테너 가수들이 '여자의 마음'을
불렀지만 내 생각에 루치아노 파바로티의 노래가 가장 탁월하다).
오페라의 주인공인 만토바 공작은 천하에 유명한 바람둥이로,
언제나 새로운 여자를 찾아서 모험을 즐기는데, 제3막에서,
그리고 막이 내리기 전에 이 아리아를 부른다. 가사는 다음과 같다.

바람에 날리는 갈대와 같이 항상 변하는 여자의 마음,

눈물을 흘리며 방긋 웃는 얼굴로 남자를 속이는 여자의 마음,

바람에 날리는 갈대와 같이 여자의 마음 변한다

그 마음 어디에 갈 곳을 모르며 항상 들떠 있는 어리석은 여자여,

달콤한 사랑의 재미도 모르며 밤이나 낮이나 꿈속을 헤맨다

바람에 날리는 갈대와 같이 여자의 마음 변한다

얼마나 역설적인가! 〈리골레토〉에서 항상 변하는 것은 여자의
마음이 아니라 만토바 공작, 바로 자기 자신이다. 그에게
하룻밤의 쾌락 그 이상의 의미가 없는 여주인공 질다는
그런 남자를 위해서 목숨을 바칠 정도로 순정한 여자가
아니던가. 만토바 공작은 갈대를 꺾는 것으로도 모자라서,
짓밟은 듯이 보인다. 이러한 오페라의 줄거리를 알고서
아리아를 듣는 청중은 이 뻔뻔한 후안무치의 만토바 공작에
엄청난 분노를 느낄 것이다. 원작인 《왕의 환락》에서 위대한
프랑스의 시인 빅토르 위고가 노렸던 것이 그러한 민중의
분노였다. 당시 명문가 태생이었음에도 불구하고 위고는
열렬한 민주주의자였다. 그는 이 작품을 통해서 힘없고
가난한 민중들이 얼마나 귀족들에 의해서 착취를 당하는지를
보여주고 싶었던 것이다. 귀족의 한 줌 쾌락을 위해서 민중이
목숨을 잃지 않은가. 그는 민중의 가슴에 한이 맺힌 절규의
대변인이었다. 그러한 점에서 《왕의 환락》은 《노트르담의

꼽추》, 《레 미제라블》, 《웃는 남자》와 마찬가지로 민중의
목소리를 대변하고 있다.

참고문헌

게오르크 빌헬름 프리드리히 헤겔, 《정신현상학》, 임석진 옮김,
한길사, 2005

김소월, 《김소월 시집》, 종합출판범우, 2011

김수영, 《김수영 전집 1 - 시》, 민음사, 2003

라이너 마리아 릴케, 《두이노의 비가 외》(릴케전집2),
김재혁 옮김, 책세상, 2000

마르셀 프루스트, 《잃어버린 시간을 찾아서 1: 스완네 집
쪽으로 1》, 김희영 옮김, 민음사, 2012

마르틴 하이데거, 《존재와 시간》, 이기상 옮김, 까치글방, 1998

매트 리들리, 《본성과 양육》, 김한영 옮김, 김영사, 2004

미셸 푸코, 《감시와 처벌》, 오생근 옮김, 나남, 2003

박재삼, 《울음이 타는 강》, 시인생각, 2013

베네딕트 데 스피노자, 《에티카》, 강영계 옮김, 서광사, 2007

쇼데를로 드 라클로, 《위험한 관계》, 박인철 옮김,
문학사상사, 2003

아서 밀러, 《세일즈맨의 죽음》, 강유나 옮김, 민음사, 2009

에드워드 윌슨, 《통섭》, 최재천·장대익 옮김,
사이언스북스, 2005

오비디우스, 《변신 이야기》, 이윤기 옮김, 민음사, 1998

윌리엄 블레이크, 《블레이크 시선》, 서강목 옮김, 지만지, 2012

윌리엄 셰익스피어, 《줄리어스 시저》, 신상웅 옮김,
동서문화사, 2008

이탈로 칼비노, 《나무 위의 남작》, 이현경 옮김, 민음사, 1997

정영문, 《더없이 어렴풋한 일요일》, 문학동네, 2001

제레드 다이아몬드, 《어제까지의 세계》, 강주헌 옮김,
김영사, 2013

제레미 리프킨, 《공감의 시대》, 이경남 옮김, 민음사, 2010

조지 기싱, 《기싱의 고백》, 이상옥 옮김, 효형출판, 2000

존 그리샴, 《유언장》, 정영목 옮김, 시공사, 2005

치누아 아체베, 《모든 것이 산산이 부서지다》, 조규형 옮김,
민음사, 2008

트루먼 커포티, 《인 콜드 블러드》, 박현주 옮김, 시공사, 2006

표도르 도스토옙스키, 《지하생활자의 수기》, 이동현 옮김,
문예출판사, 1998

프란츠 카프카, 《성》, 홍성관 옮김, 펭귄클래식코리아, 2008

프리드리히 니체, 《선악의 저편·도덕의 계보》, 김정현 옮김,
책세상, 2002

한용운, 《님의 침묵》, 시인생각, 2012

호메로스, 《일리아스》, 천병희 옮김, 숲, 2007

Nicholas of Cusa, 《The Vision Of God》, NY:Cosimo, 2007

Rudyard Kipling, 《The Man Who Would Be King:Selected
Stories of Rudyard Kipling》, London;NY:Penguin Books,
2011

배반인문학

생 각

초판 1쇄 발행 2014년 2월 5일
개정판 1쇄 발행 2021년 11월 12일

지은이 · 김종갑
펴낸이 · 주연선

(주)은행나무
04035 서울특별시 마포구 양화로11길 54
전화 · 02)3143-0651~3 | 팩스 · 02)3143-0654
신고번호 · 제 1997―000168호(1997. 12. 12)
www.ehbook.co.kr
ehbook@ehbook.co.kr

ISBN 979-11-6737-091-4 (04100)
ISBN 979-11-6737-005-1 (세트)